U0132332

近代中日關係史綱要

左舜生　著

近代中日關係史綱要

作　　者：左舜生

責任編輯：黃振威

封面設計：涂　慧

出　　版：商務印書館(香港)有限公司

　　　　　香港筲箕灣耀興道 3 號東滙廣場 8 樓

　　　　　http://www.commercialpress.com.hk

發　　行：香港聯合書刊物流有限公司

　　　　　香港新界荃灣德士古道 220−248 號荃灣工業中心 16 樓

印　　刷：美雅印刷製本有限公司

　　　　　九龍觀塘榮業街 6 號海濱工業大廈 4 樓 A 室

版　　次：2021 年 5 月第 1 版第 1 次印刷

　　　　　© 2021 商務印書館(香港)有限公司

　　　　　ISBN 978 962 07 6655 8

　　　　　Printed in Hong Kong

目　錄

編輯說明

本書是著名學者左舜生所著的中國近代史入門著作。為保留原書面貌，編者僅修正若干錯字、統一全書體例，將部分舊式用語改為較通行的現代用字、重新標點原文，以及加入西式年份和補入圖片，僅刪去名詞索引、每章所附問題及手繪插圖，其他則一仍其舊。

導　言

　　中、日兩國一衣帶水，自古以來關係密切；近代日本由於擴張政策的驅使，爆發了兩次中日戰爭，及在此前後引起的種種爭端。自 1871 年《中日修好條約》簽訂至今，剛好一百五十年，回顧兩國的歷史關係和展望未來，是十分重要及有意義的。

　　左舜生 (1893－1969) 所編的《近代中日關係史綱要》，1935 年由上海中華書局出版，既是概述近代中日關係的著作，也可視為歷史文獻材料的一種。左舜生是湖南長沙人，譜名學訓，別號仲平，字舜生，以字行。他是中國青年黨的黨魁之一，以政治活動家身份有名於時；又因長期擔任出版社和刊物編輯，熟悉近代中國史事，且多所撰著，與李劍農 (1880－1963)、蔣廷黻 (1895－1965) 等同為近代史研究的先驅學者。1949 年來香港，一面主編雜誌，一面在大專院校兼課。1955 年至 1962 年間，曾於新亞書院文史系、歷史系教授「中國近代史」和「中國現代史」。1969 年到台灣，同年在台北逝世。著有《中國近代史四講》、《黃興評傳》及《萬竹樓隨筆》等。

《近代中日關係史綱要》全書約五萬餘字，共分九章。第一章〈近代中日關係的鳥瞰〉首先從清朝同、光時代與日本明治時代兩國的國勢說起，並將近代日本侵略中國的經過劃分為五個時期：

（一）1871–1893 年，由《中日修好條約》成立至中日甲午戰爭前，強調 1885 年中、日為朝鮮問題進行談判而簽訂的《天津條約》，為後來的中日戰爭埋下了伏線。

（二）1894–1903 年，日本因甲午戰爭勝利而與中國簽訂《馬關條約》，取得多項權益，並得以改訂《中日通商條約》。

（三）1904–1914 年，由日俄戰爭至歐戰（第一次世界大戰），日本戰勝俄國，進而併吞朝鮮，其間成立南滿洲鐵道株式會社、關東廳、關東軍司令部，是日本在南滿政治、軍事的佈置所從出。

（四）1914–1931 年，日本佔領中國青島，向中國提出《二十一條》，中、日兩國在巴黎和會與華盛頓會議中的衝突，兩國於山東問題爭執所遺留下來的火種，以及張作霖在奉天被炸，都是日本決心以武力佔有中國東北的先聲。

（五）1931 年九一八事變後，至 1935 年此書出版時為止，中經若干事變，而東北問題尚為中、日間一大懸案。

作者指出，「綜觀這五個時期日本對中國的侵略，可以說是一期比一期緊迫，中國所受的損害，也一期比一期重大」。第一章中繼而闡述日本侵略中國的口實和手段，認為九一八事變後「非絕無和緩之可能」，「惟少數野心家仍迷信武力萬能」，欲「遂其久佔東北，進略中國本部，以完成其獨霸東亞之企圖。」

此書以下篇幅，大抵按照上述分期敍述中日關係的演變。第二章〈日本侵略中國的發端〉，記載了日本侵略台灣和消滅琉球的經過。第三章〈中日兩國在朝鮮的角逐〉，交代甲午戰爭前的情況。第四章〈中日戰爭與《馬關條約》後的中國形勢〉，重點分析《馬關條約》對中國所造成的影響。

第五章〈日俄戰爭的原因與結果〉，指出此次戰爭的影響及於中、韓兩國。第六章〈日俄戰後九一八事變前日本在東三省的佈置〉，從三方面觀察這二十六年間日本人侵略東三省的事實：一、從政治、軍事、文化上觀察；二、從鐵道事業上觀察；三，從其他經濟事業上觀察。

第七章〈《二十一條》與巴黎華盛頓兩次會議的中日交涉〉，從日本出兵佔領青島說起，對《二十一條》交涉的經過

和結果所述甚詳，並列舉日本在歐戰和議前的種種佈置。第八章〈華盛頓會議後九一八事變前的中日大事〉，分三項說明日本拒絕歸還旅大、濟南慘案經過和張作霖被炸事件。

第九章〈自九一八以至今日〉中，在說到此三年間日本製造偽滿洲國的經過時，謂「日本之決心發難，事前是有準備的，可是中國方面之絕不抵抗，卻出日本意料之外。」其時，中國「對東北事變的應付」，「實在令人悲觀已極」。「當事變之起，大概『不抵抗』三字，足以盡之。至於外交上的運用，則不外倚賴一『國際聯合會』。」

結語至謂：「蓋充日人野心之所至，非進一步更有事於華北不止，此實國家危急存亡之秋，吾書至此，誠不勝扼腕太息而有來日大難之感也。」此書出版後兩年，1937 年便爆發了七七蘆溝橋事變，中日戰爭全面展開，中國經歷八年戰火，人民顛沛流離，終於取得抗戰勝利。

應予指出，左舜生在當時的環境和條件下編寫此關係國家大局的著作，難免有所局限；史事敍述和評論觀點，未必都能符合今日的要求，但書中予人的時代感和切實感，並沒有隨着時間流逝而消減。

總的來說，左舜生此書撰於中日全面戰爭爆發和第二次世界大戰啟幕前夕，為風雲驟變的時代留下紀錄，反映了作

者洞察時局的識見。敍事明晰，一氣呵成，對中、日兩國的情況常加比較，尤足令人深思。時至今日，仍不失為一冊可讀性高的著作。閱讀此書，近代中日關係的變化歷歷在目，不比戰後撰寫的同類史書遜色，因此有重印、重讀和保存的價值。

周佳榮

2021 年 2 月 22 日

凡　例

一、　本書的篇幅和體裁一切以《中華百科叢書》的編輯為標準。
　　　以限於字數，只能就六十三年來中、日間的大事扼要敍述。

二、　文字務求流暢，事實務求翔實，以便青年省覽。

三、　自九一八事變以來，坊間新出關於中、日問題之書籍，
　　　殆不下數百種。本書每章末所列參考書，僅就重要者合舉
　　　三、四十種，以便讀者作進一步之研究。

四、　本書前八章，編者曾在復旦大學用作講稿，頗能引起聽者
　　　研究的興趣。因此，編者深信，此種小書能供給中等以上
　　　學生研究本國史的參考之用。

民國二十四年 (1935) 二月二十一日編者

第一章

近代中日關係的鳥瞰

中國人是一個健忘的民族，往往對於一件事，無論在當時所受的刺激如何深刻，一到事過境遷，便可以像秋雲般的愈遠而愈見其稀薄，以至於完全消失！

　　中、日兩國的關係，在西力東漸以前的一部分，姑且不去管它，即就近代的一段事實講，自前清同治十年（1871）的《中日修好條約》開始，隔現在已經是整整六十三個年頭了。在這短短的六十三年中，世界不知湧現了多少風雲，遠東也不知發生了多少變化，而日本由一個弱小的國家，一躍而創造了它的新生命，也就完全不出這不到七十年的短促時間以內。

　　就中、日兩國的人種說，不甚相遠；就文化說，大同小異。乃至就兩國的風俗習慣，以至個人的生活態度種種方面看，我們也並不感到有甚麼截然的不同，即就受外力的壓迫不得已起而效法西洋一點來講，中、日兩國着手的時期，也可以說相差無幾。

然而，日本學西洋愈學愈像，中國學西洋乃愈學愈糟，馴致經過這近七十年的逐漸推演，中國乃糟到如今日的不可言說，而日本的國勢卻如日中天，這究竟是甚麼緣故？

　　有人說日本人的性情比較熱烈而認真，行事似遲緩而實迅速；中國人比較冷淡而隨便，貌似急進反而欲速不達。

　　有人說日本地瘠民眾，生活異常的緊張，因而富有趨事赴功的精神，對於近代西洋的文明，比較的容易體會而欣然接受；中國地大物博，一直到近年才漸感生事的艱難，因而厭薄功利，習於苟安，一直到現在，還對近代的西洋文明常感格格不入。

　　有人說日本有一個號稱萬世一系的皇統，雖經過近代這樣一個極度的變化，國家仍有其重心，因之一切改革比較的容易走上軌道；中國在革命以前，重心本已不甚健全，亦正以重心不健全之故，才發生這一度空前的革命。革命以後，則重心始終未能樹立，因之一切解體，百事無成。

　　更有人說日本在吞併台灣、朝鮮以前，實在是一個很小的國家，因之所賴以完成一個近代國家的建設如教育、交通等等，均比較的容易着手；中國的情形剛剛與之相反，因而國民的向心力極不易於養成，而近代繁複而嚴密的政治，也至今難於運用。

還有人說日本孤懸海中，在歷史上有一種從來未為外力所侵入的誇耀，加以去封建不遠，其人民卓然有一種親上死長、任俠尚武之風，實具有近代軍國民教育之底質，故其改革伊始，政治與軍備即能雙管齊下，而着着顯著其成績。其能與現代若干資本帝國主義的國家並駕齊驅，實以此完備的武裝為其骨幹。中國對於軍備的改革，自清末才開始着手。革命以還，又連年疲於內戰，因之新式軍備的建立，雖已具有四十年之歷史，而對外尚不堪一戰！無論過去現在未來，無健全完備的武裝，決不能立國。中國既失敗於武力，則一切失敗，決非偶然。

凡此種種解釋，都可以說持之有故，言之成理。這一本小書的目的，並不在研究中、日兩國在他們近代維新史上的成敗得失之所以然；僅僅只想把最近這六十三年中中、日兩國間所經過的大事，作一提綱絜領的敍述，以備一部分青年國民的反省。可是對於日本之所以成功，中國之所以失敗，有了若干基本的觀點，我們才可以不為客氣所中。對於今後的中、日問題，或者可以有一種比較客觀的認識。

≋ 同光時代中日兩國的國勢 ≋

　　同治十年（1871），正當日本的明治四年。這個時候日本的維新事業雖然還在萌芽時代，可是削藩歸政的改革既已告一段落，而開國進取的規模也大致確立。尤其與當日中國的情形截然不同的，則中國正當髮、捻初平，朝野上下，無不以「中興」相粉飾；而朝廷大權，則已落於一陰狠貪愚的婦人——那拉氏——之手，以造成同、光兩代的一種艱難局面。就當日的所謂「中興名臣」而論，則自李鴻章【圖一】、左宗棠以次（曾國藩已於同治十一年（1872）早卒），又大率為傳統的思想所誤、腐舊的環境所拘，雖然也漸漸了解西洋勢力的不可侮，到底還是不學無術。假如這班人也稍稍有一點世界常識——如伊藤、大久保之流，則中國的改革運動或者可以與日本同時走上正當的軌道，不致要等到中日一戰以後，才由一班無權無位的書生——如康、梁等起來艱難奮鬥，而卒不免歸於失敗。返觀日本，則明治天皇【圖二】實為一代的英主。慶應四年（1868）三月（是年八月始改元明治）即下誓詔，定國是：一曰廣興議會，萬機決於公論；二曰上下一心，盛行經綸；三曰官武一途，下及庶民，使各遂其志，人心不倦；四曰破舊來之陋習，從天地之公道；五曰求智識於世界，大振皇基。這

【圖一】李鴻章

五條誓文，雖於後來日本的立憲運動並無何等不可分離的關係，可是影響明治初年的人心卻是非常之大的。自明治初年至二十年（1887）之間，日本國民的思想完全為「西洋主義」、「歐化主義」所支配，不能不說是「求智識於世界」。這一個理想的實現，對內能完成一個君主立憲的國家，對外能以中日、日俄兩戰提高國際的地位，乃至於教育、實業、學術、思想

【圖二】明治天皇

等各方面，均能於最短期間有一種突飛的進展，又何嘗不是由於厲行「歐化主義」的結果！中國人對於這六十餘年來日本侵略中國的事實，不從這種根本地方加以深切的反省，而想以一種支支節節的方法，去滌雪日本所加於中國的侮辱；不力求自立之道，而想利用國際形勢的變化，以達到收復失地的目的，恐終於是不可能的。

≋ 日本侵略中國的五個時期 ≋

我們綜計日本這六十三年來侵略中國的經過，可以截然的分為五個時期：

第一時期，自《中日修好條約》的成立，至甲午的中日戰爭以前。其時在中國，為同治十年（1871）至光緒十九年（1893），日本則為明治四年至明治二十六年。在這一期中，日本的國力已日漸充實，侵台灣，滅琉球，與朝鮮定約，認其為自主之國，且於光緒八年（1882）、十年（1884）兩度在朝鮮引起絕大的風波，卒於十一年（1885）與我定立《天津條約》，為後來的中日戰爭，伏一深遠的根子，都是這一時期的犖犖大事。

第二時期，自中日戰爭的開始至日俄戰爭的爆發以前，其時在中國為光緒二十年（1894）至光緒二十九年（1903），在日本則為明治二十七年至明治三十六年。在這一期中，日本以一戰勝我【圖三】，因而取得《馬關條約》的種種權利，並得改訂《中日通商條約》。光緒二十四年（1898），既隨俄、德、英、法之後，指定福建省為日本勢力範圍。二十六年（1900）又參加八國聯軍，破我天津、北京。且為鞏固其在中國的既得權利及防禦其在朝鮮和滿洲方面的最大敵人俄國

【圖三】中日甲午戰爭一幕

起見，因而於光緒二十八年（1902）有英日同盟的成立。這一期中日本的國際地位既驟然提高，其對我的侵略也突飛猛進。

第三時期，自日俄戰爭至世界大戰。其時在中國為光緒三十年（1904）至民國三年（1914），在日本則為明治三十七年至大正三年。在這一時期中，日本以武力戰勝強俄，於是由《樸資茅斯條約》及《中日滿洲善後協約》取得俄國在南滿的全部權利，同時又因在朝鮮的中、俄兩國勢力已先後為日本所排除，於是日本乃得實行併吞朝鮮。這一期中尤其可注

意的事實，則日本於《中日滿洲善後協約》訂立以後，即於大連成立三個重要的機關：其一為南滿洲鐵道株式會社，作用略等於英國亡印度的東印度公司，而規模的宏大則尤過之；其一為關東廳；其一為關東軍司令部，則為日本在南滿一切政治軍事的佈置所從出。

第四時期，自世界大戰至九一八事變以前。其時在中國為民國三年（1914）至二十年（1931），在日本為大正三年至昭和六年。在這一期中，日本利用英日同盟出兵佔我青島，又以大戰期間列強無暇東顧，突然向我提出《二十一條》要求。其後以中國參戰之故，而有大借款及中日軍事協定等問題；亦以中國參戰之故，而有中、日兩國在巴黎和會與華盛頓會議中的衝突。山東問題雖於華盛頓會議後已告一結束，但民國十七年（1928）五月三日的濟南慘案，仍舊是自民國三年以來，中、日兩國因山東問題爭執所遺留下來的火種。同時十七年六月四日張作霖在奉天之被炸，更為日本決心以武力佔我東北的先聲。

第五時期，自民國二十年（1931）九一八至現在，為時已歷三年，中經若干的事變，而東北問題尚為中、日間一大懸案。

綜觀這五個時期日本對中國的侵略，可以說是一期比一

期緊迫，中國所受的損害，也一期比一期重大，梁啟超說如果不是因為列強的牽制，日本早已有繼遼、金、元、清而入主中國的可能。這似乎不是一種過分的推測。

≋ 日本侵略中國的口實 ≋

日本是這樣繼續不已的侵略中國。在中國一面固然覺得萬分難堪，而不能不力謀有以自衛；可是在日本一面亦自有它似是而非的理由。他們所據以為侵略中國的口實的，其最要者不外兩點：其一為人口過剩而糧食缺乏，其一為產業發展而原料與市場兩俱不足。

查日本人口總數，明治五年 (1872) 為三千三百萬有奇，至最近昭和四年 (1929) 則為六千二百九十萬以上。此猶就其本土而言，如合朝鮮、台灣、樺太等殖民地計之，則已近九千萬左右。以日本人口總數與世界各國人口最多的國家相比較，則中第一，俄次之，美次之，德又次之，日居第五；與世界各國每一方里的人口密度相比較，則比第一，荷次之，英又次之，日居第四。大概照現在日本人口增加的速率（每年平均七十五萬以上），則不出二十年，日本人口當在一萬萬以

上，到二十世紀末，當去一萬萬五千萬不遠。這是據各種事實可以推測而得的。

　　日本人口增加的現勢既如上述，他們糧食的供給又是怎樣呢？日本因山地太多，可耕之地已開發殆盡，檢查他們米穀和麥類耕地的面積和歷年的生產，在最近十餘年間，實無何種大量的增加：因食糧的生產與人口的增加不能相應，於是日本食糧問題的窘境，乃迎面而來。我們試看昭和元年（1926）的貿易狀態，食糧的輸入竟達三萬萬五千二十八萬圓，除去輸出一萬萬四千七百二十九萬五千圓，輸入超過尚為二萬萬二百九十八萬五千圓。為過剩的人口找出路，為不足的食糧謀補充，此實日本侵略中國的最大口實之一。

　　日本近代產業的開發，自維新後十年內外的短時期，即有長足的進步；中日戰爭（1894）後，得了中國二萬萬三千萬兩的鉅額賠款，於是日本開發產業的資本也有了解決。加之在二十年以前，日本的工價尚異常低廉，同時又能運用保護政策，因之日本產業的開發，遂有一日千里的進展。第一步由手工業進而為機械工業，第二步乃由粗工業進而為精工業。可是產業的發達既到了最高點，隨之不能不解決的乃有兩大問題：其一為原料的供給問題，其一為市場的取得問題。

日本要發展他們的纖維工業，需要最多的原料便是棉花，民國十三年（1924）中國對日本的出口貿易，其總額為二萬萬三千二百零三萬一千海關兩，而原料品乃佔一萬萬二千五百七十七萬二千海關兩，棉花又佔原料品中之三千三百八十餘萬兩。其次為發展一般工業所必不可少的原料為煤與鐵，而日本這兩者的產額和藏量都不很多，所以全國工業用鐵的百分之八十，用煤的百分之五十，差不多都要仰給於中國。中國蘊藏煤礦的面積，共有三百八十萬五千零四方里，鐵礦有二十八萬八千六百十二方里，當然是日本所艷羨不置的！現在日本人在中國所經營的煤礦，即以遼寧省的撫順一處而論，其埋藏量為十萬萬噸，截至民國十五年（1926）末為止，已投下資本一萬萬二千九百十一萬七千二百五十四圓，十五年的煤炭產額為六百餘萬噸，預計十八年（1929）可產八百萬噸，二十年（1931）可產一千一百萬噸。其從事採礦事業的人員，據十五年末的調查，日本人計二千八百二十五人，中國人乃有四萬九千五百二十人！其他小規模的煤礦，當然為數尚多，可以不論。現在日本人在中國所經營的鐵礦，以鞍山（其地點在遼陽南方滿鐵線鞍山驛附近）一處而論，其蘊藏量為五萬萬噸，比較日本全土包含朝鮮而僅有一萬萬二千二百萬噸者已四倍有餘！日本經營此礦

所投下的資本，截至民國十五年上半期為止，計有四千六百萬圓，所用職員工人合中、日人計之，共有二千三百二十八人，民國十五年的產額計有銑鐵十六萬餘噸、骸炭二十一萬餘噸、硫安三千二百餘噸，其他如本溪湖，如弓張嶺，如安徽的裕繁鐵礦等為數尚多，而在中國每年產額至八十萬噸由漢冶萍公司經營的大冶鐵礦，亦以借貸關係而完全落於日人之手！這是從原料的供給一點，可以看出日本人決不肯放棄侵略中國的野心的原因。

再以消納商品的市場論，中國人的購買力雖不見得很強，可是人口的眾多，居全世界的第一位，而日本在地理上、人種上，乃至文字習俗上又天然與中國接近，則中國這樣一個廣土眾民的國家，當然是日本商人最理想的市場之一。我們從日本出口貿易的情形看，則北美居第一位，中國居第二位，印度居第三位，南洋、美國居第四、第五位。照大正十四年 (1925) 的統計，輸出北美者為一、〇〇六百萬圓，輸出中國者為五四二百萬圓。再就中、日兩國間逐年擴張的貿易總額列一簡表如下，則更可以看出日本對華貿易猛進之可驚 (海關兩：一海關兩等於上海兩一‧一一四)：

同治三年（1866）	三、六七四、〇〇〇兩
光緒二年（1876）	四、八五三、〇〇〇兩
光緒一二年（1886）	六、九一三、〇〇〇兩
光緒二二年（1896）	二八、七六八、〇〇〇兩
光緒三二年（1906）	九四、三五七、〇〇〇兩
民國五年（1916）	二七三、四一二、〇〇〇兩
民國一五年（1926）	五四八、六五〇、〇〇〇兩
民國一七年（1928）	七五六、八一三、〇〇〇兩

　　隨着日本在中國奪取原料，壟斷商場而更有一個重大的事實可注意的，則日本以其過剩的資本向中國大事投資是也。據──昭和元年（1926）的統計，日本對中國的投資總額，為十八萬萬餘圓，內中投於東三省者，實佔十三萬萬三千七百萬圓，而滿鐵又佔此數中之八萬萬八千八百餘萬圓。其餘如上海、漢口、天津、青島等處合計，則為五萬萬二千二百萬圓。

　　綜合以上所述，則日本人以人口過剩，要向中國移殖；以食糧缺乏，要向中國補充；開發產業，要中國供給原料；有了大量的生產，又要以中國為市場；及至賺了鉅額的金錢，造成一種資本過剩的現象，仍然要運用於中國；則日本之處心積慮要向中國大施其侵略的辣腕，當然是毫無疑義的。

≈ 日本侵略中國的手段 ≈

　　至於日本侵略我國的手段，則自明治初年侵台灣、滅琉球以至最近以武力佔領我東北四省，差不多是完全一貫的。換言之，歐美列強的侵略中國，只以經濟為主，非萬不得已不輕用武力；日本則除經濟利益以外，確確實實是有領土野心的。惟歐美列強偏重在經濟的利益，所以他們頗熱心中國的門戶開放、領土保全，同時也希望中國有一個足夠維持秩序的統一政府或有力領袖。日本不然，所以利中國之亂而不利中國之治；利中國之分裂而不利中國之統一。庚子拳亂，列強可以維持滿洲的皇統，而日本則寧同情革命而顛覆滿清；英國人可以贊助袁世凱，而日本則以金錢槍械贊助岑春煊等之倒袁；國民黨北伐成功，英國可以在長江流域表示相當的讓步，日本則以武力阻北伐軍於山東，不惜造成十七年（1928）五月三日的濟南慘案。張作霖者，其力足以控制東北三省者也。日本視之為眼中釘，至不惜採用非常手段，將老張炸死於皇姑屯車站；以武力佔領東北，本為日本多年的國策，所謂中村失踪、滿鐵被毀，不過臨時虛構的事實；淞滬事件，日本所藉口者，不過日本僧侶二人之被毆，而結果至不惜出動三師團之大軍，毀我二十萬萬圓之財產。凡此種種，均足證明日本隨時隨事在發揮武力以

達其征服中國而「獨存獨榮」之目的！

　　自九一八事變發生以來，已遷延至三年之久，其外交人物，以造端過大，恐操之太急，或足以引起世界大戰，為顧慮其國家之安全計，非絕無和緩之可能。其資本家注視長江及華南一帶的經濟利益，如能予以優厚之條件，亦非絕無妥協之餘地。惟少數野心家則仍迷信武力萬能，仍願挑撥中國的內戰，摧毀中國的中心勢力，以遂其久佔東北，進略中國本部，以完成其獨霸遠東之企圖。

參考書

一、羅孝高譯：《日本維新三十年史》（廣智）

二、植原悅二郎著；黃文中譯：《日本民權發達史》（商務）

三、郭真著：《現代日本講話》（勵羣書店）

四、武堉幹著：《中國國際貿易概論》（商務）

五、藤岡啓著；湯爾和譯：《東省刮目論》（商務）

六、湯爾和譯：《滿鐵外交論》（商務）

第二章

日本侵略中國的發端

≈ 日本與中國締結修好通商條約 ≈

自道光二十二年（1842）《南京條約》成立以後，中國海禁大開，西洋各國先後與中國立約互市。日本則至同治元年（1862）始由荷蘭領事介紹，遣人謁蘇松太道吳煦，請如西洋無約各小國例，專在上海一埠貿易。中國的通商大臣、蘇撫薛煥許之。這算是日本正式與我國通市之始，其後於西洋各國者，蓋已二十年。同治三年（1864）又由英國領事巴夏禮（Harry Parkes），請許其商民自報我海關納稅。同治七年（1868）英領事又為請照料其遊歷過境的官紳，日本商民也自請憑護照入中國內地經商遊學。這些都是日本德川幕府時代的事。

同治九年（1870）即明治三年，正值日本維新之始，雅有開國進取之意，乃遣其外務權大丞柳原前光【圖一】帶着他們外務府的書信到天津，謁大學士直隸總督李鴻章、通商大臣成林，請通商立約。我國總理各國事務衙門僅允通商，不許立

【圖一】柳原前光

約。前光固請於鴻章、成林，總署卒允許之。十年（1871）四月，日本以大藏卿伊達宗城為正使、柳原前光為副使來議約；中國以鴻章為全權大臣、江蘇臬司應寶時、津海關道陳欽為幫辦，與之議於天津。日本初欲一切如西洋各國例，中國不允，往復磋商凡三閱月，始於是年七月定立修好規條十八條、通商章程三十三款，並附以中國、日本海關稅則，所與西約不同的地方，就是不准日本商人運貨入內地，同時不准入內地置買土貨，日本意殊不滿。因於十一年（1872）十一月遣其

【圖二】副島種臣

外務卿副島種臣【圖二】來求改約，十二年（1873）四月改約成，
而日本侵我台灣的事件以起。

≈　日本侵我台灣　≈

先是同治十年（1871），有琉球人六十六名，遭颶風漂落
台灣，其中五十四名為牡丹社番人所殺。日本鹿兒島知事以
事實告諸政府；次年三月，又有日本小田縣民四人，亦漂至遇

害，日本大譁。及同治十二年，副島種臣在天津改約成，乃入北京呈國書，隨各國使臣覲見，賀同治帝親政，同時遣柳原前光赴總理衙門，言台灣生番害琉民事，並問生番熟番的經界於我。我總署大臣毛昶熙、董恂回答說：「生番殺害琉民，我們已經知道，殺害貴國人，則沒有聽見說，但台灣和琉球都是我國的屬土，屬土的人民相殺，其裁決在我。我國撫恤琉人，自有一定的辦法，與貴國有何相干而煩代為過問呢？」前光因大爭琉球為日本版圖，又陳述小田縣民被害的情形甚悉，並且說：「貴國已知道要撫恤琉人，為甚麼不懲辦台番呢？」毛、董回答說：「殺人的都是生番，所以只好置之化外，日本的蝦夷、美國的紅番都不服王化，這也是各國所常有的事。」前光說：「生番害人，貴國置之不理，我國卻要問罪島人。因為與中國訂有修好條約，所以要我來先向貴國說明白。」所談毫無結果，當時毛、董這班人其所以有這種不負責任的話，一方面固由於無識，一方面也是因為經過了鴉片戰爭與英法聯軍兩役，對於外人總是抱一種息事寧人的態度，不敢惹是生非，豈僅毛、董這班人是如此，即李鴻章又何獨不然呢？可是日本方面聽了毛、董這一番話，卻做了他們侵略台灣的把柄。

同治十三年（日本明治七年，1874）三月，日本在長崎設番地事務局，以大藏卿大隈重信為綜理、陸軍中將西鄉從道

為都督、美國人李仙得為參謀，以戰舶大功、大有兩艘，並租英、美兩國船，載陸兵三千六百人發品川，會於長崎。但英、美兩國均嚴守中立，不願牽入漩渦。美國且令其駐廈門領事逮捕李仙得，於是日本政府擬止軍行，而西鄉從道不受命，日政府乃解英、美船，將李仙得送還東京，另購英、美輪舶，輸陸兵三千人赴台，以是年五月抵其地，熟番迎降，而生番時出狙擊，日兵雖以此為苦，但從道仍退守龜山，建都督府，設病院，修橋樑，闢荒蕪，將為屯田久駐之計。此時，中國政府已得各方面報告，於是海疆戒嚴，徵發號召，絡繹於道，且一面命船政大臣沈葆楨為欽差，督福建水師赴台觀動靜，一面令福建藩司潘霨、台灣道夏獻綸往就從道議和。潘、夏以六月初一日抵台，與從道反覆辯論凡七日，成議三則：

　　一、中國償日本兵費；

　　二、中國嚴馭台番，令日本漂民無罹損害；

　　三、立約後日本兵盡撤出台灣。

　　但這個時候駐紮龜山的日兵，以暑雨疾病，死亡甚多，情形異常狼狽，而我閩撫王凱泰將兵二萬五千人又將次渡台，於是日政府大懼，以其內務卿大久保利通為全權大臣來議，李

仙得與偕，以七月抵北京，與總署辯番界，兩月不決，利通乃宣言歸國肆要挾，而暗中託英公使威妥瑪（Sir Thomas Wade）出任調停，要求償軍費三百萬圓。時軍機大臣文祥巡視台灣，大臣沈葆楨竭力反對。葆楨為這件事在一封奏摺上說：

> 倭備雖增，倭情漸怯，彼非不知難思退，而謠言四布，冀我受其恫喝，遷就求和，儻入彼彀中，必得一步又進一步。但使我厚集兵力，無隙可乘，自必帖耳而去。姑寬其稱兵既往之咎，已足明朝廷逾格之恩，儻妄肆要求，願堅持定見，力為拒卻。

當時他還有一封信寫給鴻章，裏面說：

> 大久保之來，其中情窘急可想，然必故示整暇，不肯就我範圍，是欲速之意在彼不在我。我既以逸待勞，以主待客，自不必急於行成。

葆楨這種說法，確實是道着日人那種外強中乾的心理的。可惜當時的總署不能堅持，卒與之訂喪權辱國的條約三款，且無形中將琉球斷送。這種畏難苟安的精神是影響後來

的中、日外交很大的。條約的原文如下：

　　一、日本國此次所辦，原為保民義舉，清國不指以為不是。

　　二、前次所有遇害難民之家，清國許以撫恤銀十萬兩，日本所有在該處修道建房等件，清國願留自用，先行議定，籌補銀四十萬兩。

　　三、所有此事兩國一切往來公文，彼此撤回注銷，作為罷論。至該處生番，清國自宜設法妥為約束，以期永保航客，不至受害。

　　既認日本此次為琉民被害出兵為保民義舉，則是在事實上已認琉球為日本的屬國；既償費五十萬兩，則是日本已顯為戰勝國無疑。清廷對日外交的第一步，已鑄此大錯。於是日本得步進步，乃有滅琉球、侵朝鮮的事實發生。

≈ 日本滅我琉球 ≈

　　琉球為日本鹿兒島縣與台灣間的一串小島，大小凡三十餘。日本今名曰沖繩縣。往日琉球國之地原分三部：北部總

稱大島（今屬鹿兒島縣），南部總稱先島，其中間稱沖繩島，以其地如虬龍流動之形，故漢人稱流虬。琉球之名則係明洪武年間，為中國所賜云。

琉球自上古天孫氏開國，二十五傳為權臣利勇所滅。時有浦添按司名尊敦者，起兵誅利勇，諸按司遂推尊敦為君，是曰舜天王。先是有日本人名源為朝者，遭日本保元之亂，竄伊豆大島，後又浮海到琉球，娶大里按司之妹，生尊敦，可見舜天王確是日本人的血統，可是舜天王再傳至其孫義本王，乃禪位於英祖，英祖則仍舊為天孫氏之裔，與日本人無關。由英祖三傳至其曾孫玉城王，國人不服，國分為三：大里按司稱山南王，歸仁按司稱山北王，而玉城則稱中山王。玉城卒，子西威立。西威卒，國人廢其嗣子，立浦添按司察度。這個時候，正當明太祖初定中原，因遣行人楊載奉表招琉球王臣服，於是洪武五年（1372）察度王乃遣使至明稱臣，貢獻方物，自是奉明正朔，按歲朝貢不缺，至明永樂間，巴志王統一山北山南，明主乃賜王姓尚。入清以後，琉球仍世受清朝封冊，恭順異常。可是在明朝的萬曆年間，琉球已與日本發生糾葛。先是巴志王時，琉球嘗獻方物於日本將軍義持，明正統年間，將軍義教乃命琉球為薩摩守護島津氏之附庸，自是琉球通使聘於島津氏無虛歲。明萬曆間，日本豐臣秀吉侵朝

鮮，令琉球王尚甯供軍糧。尚甯輸其半，又借金於島津氏以償其不足而不還。及德川家康統一日本，島津家久奉德川氏意招之，不來，乃遣樺山久高將兵伐之，先取大島、德之島，進兵至運天港，海陸並進，諸城皆潰。尚甯不得已請降，久高虜之至，家久乃引尚甯謁德川氏，德川氏以禮待尚甯，送之歸國，命其永隸島津氏。自此以後，琉球在事實上已成了一個中、日兩國共有的屬邦了。清同治十年（1871，日本明治四年），有台灣生番殺琉球難民的事件發生，日本乃一面於明治五年（1872）對琉球行果決處分，以琉球為藩，封尚甯的十三世孫尚泰為藩王，並派外交官四人代其辦理外交事務，同時照會各國公使，申明琉球已屬於日；一面則遣其外務卿副島種臣藉換約為名，來中國窺虛實，同治十三年（1874）遂以兵侵我台灣。中國與之訂約，既明認日本為琉球難民被殺出兵為保民義舉，於是日本乃於光緒元年（1875，明治八年）阻止琉球向中國朝貢，並命其改用明治年號，其時琉球王尚泰遣紫巾官向德宏等赴福建，哀求閩、浙總督何璟代向中國政府乞援，延至光緒三年（1877）五月，中國政府仍無絲毫辦法，僅以一紙上諭令向等統行回國，毋庸在閩守候。至光緒五年（1879，即明治十二年），日本乃以決然的態度，吞併琉球，改為沖繩縣。此後中、日兩國雖以此事爭論數年，李鴻章且

曾請美國卸任總統格蘭忒（Ulysses S. Grant）從中調解，但於事實上仍無絲毫補救。

參考書

一、姚錫光著：《東方兵事紀略》卷一

二、王芸生輯：《六十年來中國與日本》卷一（大公報社）

三、姚文棟譯：《琉球小志》

四、左舜生輯：《中國近百年史資料初編》（下冊）（中華）

五、李鴻章著：《李文忠公全集譯署函稿》

第三章

中日兩國在朝鮮的角逐

日本侵台滅琉既告一段落，於是視線一轉乃竭全力集中於朝鮮。我們要明白中日戰爭以前，中、日兩國在朝鮮角逐的經過。首先我們對於自同治二年（1863）至光緒十九年（1893）整整三十年間朝鮮的國情，不能不有相當的了解。

≈ 同光時代朝鮮政治的背景 ≈

　　原來日本吞滅朝鮮在宣統二年（1910），其時朝鮮的皇帝名叫李坧，由此上溯，李坧的父親名叫李熙，當李熙為朝鮮王時，只十二歲。於是由他的父親興宣君李昰應攝政，號大院君【圖一】，其時正是中國的同治二年（1863）。大院君這個人並不懦弱，可是不學無術，一味守舊，對於世界的情形，可以說全不了解，那種盲目的排外精神，也與中國的慈禧太后差不多，加以同治五年（1868）與同治十年（1871），法、美兩國

【圖一】大院君

先後侵犯朝鮮，均未得逞，於是大院君覺得西洋各國技止此耳，其驕傲乃更不可一世。大院君這種排外的精神與仇教的精神合而為一，所以在他秉政的十年中，外國宣教師與朝鮮的信徒被殺者，殆不下十餘萬人。

大院君的政敵，便是王后閔氏。本來閔氏是大院君的妻黨，其得冊立為后，即出大院君之力，可是后頗聰明，通書史，尤好《左氏傳》。她因為要排斥大院君的勢力，乃利用太后趙氏不悅大院君專擅的心理，慫恿閔奎鎬、趙甯夏等與大院君的長子載冕，合謀勸王親政，而諫官崔益鉉更上疏嚴劾大院君。大院君不得已，乃將政權交出。

閔氏既代大院君而興，於是大院君的黨羽，悉被竄逐；大院君的排外政策，也為之一變；遣特使李裕元赴北京，與日本訂立修好條約，便都是這個時候的事。

≋ 中日在朝鮮暗鬥的開始 ≋

先是日本外務卿副島種臣於同治十二年（1873）以台灣事件來中國，曾以中國與朝鮮的關係向我國提出質問。總理衙門答以「中國對於朝鮮，雖與以封冊，並令其奉中國正朔，可是內治和戰，皆由自主，與中國無關。」日本得了這樣一個不負責任的答覆，乃決定以獨立國待遇朝鮮。同治十三年（1874）日本侵台的事件既告一結束，其次年為光緒元年（1875，即日本明治八年），日本以軍艦雲揚號侵入朝鮮的江華灣，藉故與

之開釁，炮擊永宗炮台，且奪其城。時大院君頗欲利用此機會以恢復政權，因力斥和議，但中國政府以開戰不必於朝鮮有利，曾予以勸告。諸閔不願大院君重握政權，亦以主戰為非。當時的日本正是西鄉隆盛一派征韓論失敗的時候，當然也無意於與朝鮮開戰。由這幾方面的關係湊合，日本與朝鮮的修好條約乃於次年二月成立。日本的全權代表為黑田清隆、井上馨，朝鮮的全權代表為申櫶、尹滋承。全約凡十二款，其要點：一、確認朝鮮為自主之邦，保有與日本平等之權；二、朝鮮允於沿海開通商港口二處；三、聽日本測量朝鮮海岸。定約的地點在朝鮮的江華府，所以這個條約普通稱為《江華條約》。這是日本從條約上向朝鮮取得優勢的第一步。

其時中國方面辦理外交的主體，在名義上本屬於總理衙門，可是決定外交方針和擔任折衝的重任的，卻由北洋大臣李鴻章包辦。光緒五年 (1879)，日本既把琉球滅了改為沖繩縣，同時在朝鮮的勢力又逐漸伸張。李鴻章受了這一番刺激，乃運用中國自來「以夷制夷」的老方略，勸朝鮮與英、美、德、法諸國訂約通商，藉均勢以牽制日本與俄國。當時李鴻章曾有一封信寫給朝鮮的致仕太師李裕元 (薛福成代寫的)，便是討論這件事。我們從這封信裏，很可看出當日朝鮮所處的地位，而李鴻章這種主張也大體是不錯的，現在把這封信錄在下面：

橘山尊兄太師閣下：正月杪，裁復寸函，旋於二月間接到客臘望日惠書，反覆於邦交一事，推究得失，剖晰情勢，忠謨碩畫，傾佩無涯。比諗頤養脩齡，平章大政，保疆禦侮，措注咸宜，至為企頌。承示日本與貴國交涉各節，倭人性情，桀驁貪狡，為得步進步之計，貴國隨時應付，正自不易。客歲駐倭公使何侍講來書，屢稱倭人倩為介紹，願與貴國誠心和好，兩無虞詐。鄙人思自古交鄰之道，因應得其宜，則仇敵可為外援；因應未得宜，則外援可為仇敵。倭人之言，雖未必由中，尚冀迎機善導，杜彼爭端，永相輯睦，是以曾寓書奉勸，勿先示以猜嫌，致令藉為口實也。近察日本行事乖謬，居心叵測，亟宜早為之防。有不能不密陳梗概者：日本比年以來，宗尚西法，營造百端，自謂已得富強之術，然因此致庫藏空虛、國債纍纍，不得不有事四方，冀拓雄圖以償所費。其疆宇相望之處，北則貴國，南則中國之台灣，尤所注意。琉球乃數百年舊國，並未開罪於日本，今春忽發兵船，劫廢其王、吞其疆土，其於中國與貴國，難保將來不伺隙以逞。中國兵力餉力，十倍日本，自忖可以制之，惟嘗代貴國審度躊躇，似宜及時密修武備，籌餉練兵，慎固封守，仍當不動聲色，善為牢

籠。凡交涉事宜，恪守條約，勿予以可乘之端，一旦有事，則彼曲我直，勝負攸分。第思貴國向稱右文之邦，財力非甚充裕，即令迅圖整頓，非旦夕所能見功。近聞日本派鳳翔、日進兩戰艦久駐釜山浦外，操演巨炮，不知何意？設有反覆，中國即竭力相助，而道里遼遠，終恐緩不及事。尤可慮者，日本廣聘西人，教練水陸兵法，其船炮之堅利，雖萬不逮西人，恐貴國尚難與相敵。況日本諂事泰西諸國，未嘗不思藉其勢力，侵侮鄰邦；往歲西人欲往貴國通商，雖見拒而去，其意終未釋然，萬一日本陰結英、法、美諸邦，誘以開埠之利，抑或北與俄羅斯苟合，導以拓土之謀，則貴國勢成孤注，隱憂方大。中國識時務者，僉議以為與其援救於事後，不如代籌於事前。夫論息事寧人之道，果能始終閉關自守，豈不甚善？無如西人恃其慓銳，地球諸國，無不往來，實開闢以來未有之奇局。自然之氣運，非人力所能禁遏。貴國既不得已而與日本立約通商，各國必從而生心，日本轉若視為奇貨。為今之計，似宜用以敵制敵之策，次第與泰西各國立約，藉以牽制日本。彼日本恃其詐力，以鯨吞蠶食為謀，廢滅琉球一事，顯露端倪，貴國固不可無以備之。然日本之所畏服者西人也，以

朝鮮之力制日本，或虞其不足，以統與西人通商制日本則綽乎有餘。泰西通例，向不得無故奪滅人國，蓋各國互峙爭雄，而公法行乎其間。去歲土耳其為俄所伐，勢幾岌岌，迨英、奧諸國出而爭論，俄始斂兵而退。向使土國孤立無援，俄人已獨享其利矣。又歐洲之比利時、丹麥皆極小之國，自與各國立約，遂無敢妄肆侵陵者，此皆強弱相維之明證也。且越國鄙遠，古人所難，西洋英、德、法、美諸邦，距貴國數萬里，本無他求，其志不過欲通商耳、保護過境船隻耳。至俄國所據之庫頁島、綏芬河、圖們江等處，皆與貴國接壤，形勢相偪。若貴國先與英、德、法、美交通，不但牽制日本，並可杜俄人之窺伺，而俄亦必遣使通好矣。誠及此時幡然改圖，量為變通，不必別開口岸，但就日本通商之處，多萃數國商人，其所分者日本之貿易，於貴國無甚出入，若定其關稅，則餉項不無少裨；熟其商情，則軍火不難購辦。隨時派員分往有約之國通聘問、聯情誼，平日既休戚相關，倘遇一國有侵佔無禮之事，儘可邀集有約各國公議其非，鳴鼓而攻，庶日本不致悍然無忌。貴國亦宜於交接遠人之道，逐事講求，務使剛柔得中，操縱悉協，則所以鈐制日本之術，莫善於此。即所以備禦俄

人之策，亦莫先於此矣。近日各國公使在我總理衙門，屢以貴國商務為言。因思貴國政教禁令，悉由自主，此等大事，豈我輩所可干預？惟是中國與貴國，誼同一家，又為我東三省屏蔽，奚啻脣齒相依，貴國之憂，即中國之憂也。所以不憚越俎代謀，直抒衷曲，望即轉呈貴國王察核，廣集廷臣，深思遠慮，密議可否，如以鄙言為不謬，希先示覆大略。我總理衙門，亦久欲以此意相達，俟各使議及之時，或可相機措詞，徐示以轉圜之意。從前泰西各國乘中國多故，併力要脅，立約之時不以玉帛而以兵戎，所以行之既久，掣肘頗多，想亦遠近所稔知。貴國若於無事時許以立約，彼喜出望外，自不致格外要求，如販賣鴉片煙、傳教內地諸大弊，懸為厲禁，彼必無辭，敝處如有所見，亦當隨時參酌一二，以盡忠告之義，總期於大局無所虧。夫政貴因時，治期可久，知己知彼，利害宜權；用間用謀，兵家所尚；惟執事實圖利之。緣迭奉來仰，諄諄於交鄰保境之道，用敢不憚覼縷，密布腹心，復候起居，書不盡意。某頓首。

李鴻章這封信，在當時完全沒有發生效力，並且李裕元的復書中，更有所謂「泰西之學，素所深惡，不欲有所沾染」

云云，並以「該國向稱貧瘠，不能多容商船」為拒絕與各國通商的理由。我們只要看光緒六年（1880）美國政府請日本介紹要求與朝鮮訂約通商，仍然為朝鮮所拒絕，便可以知道朝鮮對中國的意見絲毫沒有容納，但是李鴻章的主張，後來還是一一照辦，不過這是到了光緒八年（1882）中國的勢力，已經在朝鮮大大伸張以後的事。

≋ 光緒八年的大院君之亂 ≋

這一次的亂事，從表面上看，是因為剋扣軍餉引起一部分軍士的譁變，而實際上是大院君與閔族爭權。原來大院君這個人，雖說是頑舊不明大體，可是當他秉政的十年，對內對外也還有相當的辦法；國家的財政，因為節約的緣故，也還有相當的積蓄。自閔族代興，乃揮霍無度，宮中倡優妓女，日夜張樂，飲食賞賜，費至鉅萬。大院君多年的積蓄，既一掃而空，因之官吏至五、六年不能發薪，軍隊至十三個月不能發餉；而金輔鉉、閔謙鎬、閔致庠這班要人，更是蠹公肥己，不以軍民為念。同時又聘有日本的軍官，訓練新式的軍隊與士官，往日舊式的軍隊有被淘汰的危險。積此種種的原因，

所以光緒八年（1882）的六月初九日，因為閔謙鎬的私人某倉吏剋減軍糧，在京城一部分的軍隊乃公然倡亂，其結果則諸閔大遭蹂躪，王后閔氏出奔忠州，李最應、閔謙鎬、金輔鉉被殺，日本教師堀本禮造及其他日人七名也死於亂軍，同時且攻擊日使館，日公使花房義質乃自焚其舍，走濟物浦。其時大院君奉命鎮撫亂軍，而亂軍以王后閔氏未死不肯撤退。大院君不得已乃頒國喪令，詭言閔氏已死亂中，於是大亂暫平，而政權乃全歸於大院君的掌握。

其時王后閔氏，逃在忠州，見大亂已息，乃一面命人至京與王通信，一面又令閔台鎬遣密使向中國政府告急。先是朝鮮金允植、魚允中等在天津聞變，已向我署理直隸總督張樹聲請援，同時中國駐日公使黎庶昌也有急電到津，報告日人對朝鮮變亂的態度。於是樹聲遣提督丁汝昌、道員馬建忠，督帶超勇、揚威、威遠三兵輪，六月二十五日起椗，向朝鮮出發，又預調南洋及招商局輪船，以備運送陸軍。我國軍艦以二十七日辰刻抵朝鮮的仁川口，而日本軍艦也於同日未刻有一艘先到，見我國兵船已先在，乃不敢動。次日日本兵船又續到三艘，共水陸兵一千數百名，花房義質乃率兵五百駐朝鮮京城，開列多款，向朝鮮百端要挾。其時中國政府又命吳長慶率淮軍六營繼往，以七月初八日抵朝鮮的南陽府，而

日使與朝鮮大員連日會議，正相持不決，朝鮮偵知中國兵將到，拒日益堅，既於日使表示交涉決裂，於初十日率其眾悻悻退出王京。中國方面則一面由馬建忠往勸花房義質，告以同心討亂之意；一面則由吳長慶親率大軍，馳駐王京。日本沒有料到我軍突至，乃深悔退出之非計，然已無可奈何。七月十三日，吳長慶、丁汝昌、馬建忠三人密定機宜，往拜昰應，以禮周旋，昰應來答拜，遂執之，由丁汝昌解送天津。時亂黨數千，尚盤踞肘腋，金允植持韓王手書來營，乞我軍速討。

【圖二】金玉均

十六日黎明，我軍往攻勢，擒百七十餘人，大亂以平。七月十七日，朝鮮特派全權大臣李裕元、金弘集與日使訂約六款，其大要為懲凶、謝罪、賠軍費及死者恤金五十五萬元，並許日本駐軍京城，保護使館，但是亂平之後，朝鮮派往日本謝罪的專使為朴泳孝及金玉均【圖二】等諸人，而玉均且留日考察制度；又依照日韓條約，日本駐韓公使竹添進一郎於第二年即置使館衛兵兩中隊計二百四十名。中國政府也命袁世凱、黃士林、馬建忠等領兵二千駐紮下都監。中、日兩國的勢力既愈接愈近，而日本又以陰謀煽動其間，於是光緒十年（1884）乃更有朴泳孝、金玉均等謀變的一幕。

≈ 光緒十年的金玉均等之亂 ≈

這個時期，朝鮮有三黨分立。金玉均、朴泳孝、洪英植、徐光範等親日；閔台鎬、趙寧夏、尹泰駿、金允植、魚允中等親中；韓圭稷、李祖淵、趙定熙等親俄。日本既決定要顛覆中國在朝鮮的勢力，乃暗中與親日黨勾結，祕密進行。

光緒九年（1883）十一月，駐韓日使竹添進一郎歸國。金玉均乃藉口借債渡日，向日政府密陳排斥中國的計劃。日政

府欣然嘉納，將光緒八年（1882）朝鮮應賠日本的餘款四十萬元付金，以助其進行。於是玉均率留日學生二十人歸國，以從事排斥中國的工作。

光緒十年（1884），中國正以安南問題，與法人搆釁，日本認為有隙可乘，於是竹添與金玉均等秘密聚議，擬藉日兵以抗中國，養刺客以刺殺親中黨人，且有由日本派遣軍艦以為後援之密約。是年十月十七日，朝鮮郵政局舉行落成典禮，親日黨人洪英植，以該局總辦資格設宴，邀請各大官及各國公使、領事，惟日使不到，以書記島村代表。是日下午六時開宴，英植等預伏士官學生於王宮門前及景祐宮內，又伏刺客於郵政局前溝中。至十時，忽見牆外火起，時月明如白晝，火光衝天，閔泳翊以救火退席，出門即為刺客所劍擊，賓客皆大驚走散。日黨計劃，原想盡殺親中黨人，見只傷泳翊一人，泳孝、玉均及徐光範等乃退入寢殿，挾王召日使來衞，由金、朴等組政府，矯詔殺戚貴老臣閔台鎬、趙寧夏、閔泳穆、尹泰駿、韓圭稷、李祖淵等多人。時中國駐紮朝鮮之將領為袁世凱、吳兆有、張光前等三人。十九日，袁世凱見韓廷紛亂，將陷於不可收拾，乃遣人向韓廷質問詳情，至三時無回報，以信通知日使，日使亦置之不理；袁乃率兵直赴王宮。日本首先開槍，傷我兵士多人，中國不得已應之，日兵大敗。時竹

添亦在王所，知事不可為，乃雜亂兵中狼狽逃走，金、朴等亦隨日兵去，惟洪英植及士官學生七人被殺，袁移朝鮮王於下都監中國兵營。時朝鮮人民，痛恨日本，見日人輒與格鬥，殺傷頗多。竹添因下旗，率兵出小西門去，沿途放槍，韓民死者不少，眾情益怒，致焚毀日本使館，並殺日本陸軍大尉磯林真三。玉均、泳孝、光範等均薙髮洋服，於二十四日逃往日本。韓王還宮，大亂以息，而韓廷實權乃完全落於袁世凱之手。十一月，日本政府派外務卿井上馨率兵赴韓，向韓廷提出要求五項。中國政府亦派吳大澂、續昌赴韓，調查事變經過詳情。中國以中法戰爭未息，不欲多啟釁端，因勸韓王忍耐息事，韓廷不得已，乃與日定約五款以和，其大要為謝罪、懲凶、賠款十一萬圓，並以二萬圓重建日本使館。一場風波，暫告平息，而袁世凱則於是時快快退回中國，徐待機會，以謀捲土重來。

≈ 光緒十一年的《天津條約》 ≈

光緒十年的朝鮮之亂，從表面上看，其主體似為朝鮮，然而立在朝鮮背後暗鬥的，則為中、日兩國。日本知道要解

決朝鮮問題，非直接以中國為對手不可。所以於井上與朝鮮定約五款以後，又於次年正月遣伊藤博文【圖三】來華，與中國協商朝鮮亂事的善後。中國以李鴻章為全權，與之會議於天津，經過一個多月的討論，乃於光緒十一年（1885，即日本明治十八年）三月，成立有名的《天津條約》三款，其原文如下：

一、議定中國撤駐紮朝鮮之兵，日本撤在朝鮮護衛使館之兵弁，自畫押蓋印之日起，以四箇月為期，限內各行盡數撤回，以免兩國有滋端之虞。中國兵由馬山浦撤去，日本兵由仁川港撤去。

二、兩國均允勸朝鮮國王教練兵士，足以自護治安。又由朝鮮國王選僱他國武弁一人或數人，委以教演之事。嗣後中、日兩國均勿派員在朝鮮教練。

三、將來朝鮮國若有變亂重大事件，中、日兩國或一國要派兵，應先互行文知照，及其事定，仍即撤回，不再留防。

本來伊藤這次到中國來的目的，一在結束過去，一在規劃未來。所謂結束過去，原意本希望懲辦中國在朝鮮的將領，並賠償日本的損失。但這不是伊藤所必爭的，所以結果僅以

【圖三】伊藤博文與家人合照

一紙照會了事。所謂規劃未來，便定了這次的《天津條約》。在事實上使朝鮮成了一個中、日共同保護的國家，而中、日兩國派兵赴朝鮮，要先互行文知照，更為後來的中日戰爭留下一個根子。就大體說，鴻章這次的交涉不能不說是失敗，然而以中國當時的國力而論，安南已不能不放棄，又何能以獨力撫有朝鮮？並且鴻章在《天津條約》訂立以後，曾有一封信寫給總理衙門，恭維伊藤備至。信上說：

> ……該使久歷歐美各洲，極力摹仿，實有治國之才，專注意於通商睦鄰、富國強兵諸政，不欲輕言戰事，併吞小邦。大約十年內外，日本富強必有可觀，此中土之遠患，而非目前之近憂，尚祈當軸諸公，及早留意是幸。

果然由光緒十一年（1885）到光緒二十年（1894），中日戰爭的爆發，剛好是整整十年。一面我們不能不佩服鴻章的料事之明，一面更不能不痛恨清廷那拉氏以次那班人的昏庸胡鬧，致有中日一戰之慘敗。

參考書

一、 朴殷植著：《韓國痛史》

二、 左舜生選輯：《中國近百年史資料初編》（中華）

三、 劉彥著：《帝國主義壓迫中國史》（太平洋書店）

四、 李鴻章著：《李文忠公全集》（譯署函稿）

五、 王芸生編：《六十年來中國與日本》一卷（大公報社）

第四章

中日戰爭與《馬關條約》後的中國國勢

≈ 《天津條約》訂立後的十年間 ≈

自《天津條約》訂立以後，中、日兩國在朝鮮，便完全成立了一種均勢的局面。以朝鮮本身內政的腐敗，黨派的傾軋，既隨時有發生重大事變的可能，則中、日兩國即隨時有派遣軍隊入朝鮮的可能。兩國對於朝鮮的態度，日本則承認其獨立而隨時懷有一種吞併的野心，中國則口口聲聲說朝鮮是中國的屬邦；然於朝鮮的內政外交，又聽其自主。在這樣一種的情勢之下，中、日兩國之必以武力相見，當然是無可避免的了。可是自《天津條約》訂立以後，雙方忍耐，仍經過了十年的長時期。在這十年間，有下面可注意的幾件事實：

一、光緒十一年（1885）八月，清廷命袁世凱送大院君李昰應回國，原意想以此控制諸閔，但卒為王后閔氏等所扼，僅杜門自保而已。

二、同年九月，李鴻章密奏清廷，略謂「韓趨向不專，擇強自庇，袁世凱足智多謀，冀挽回匡正，默為轉移，該員兩次戡亂，親在行間，操縱合宜，厥功甚偉，本應優加獎擢，以酬勞勳，茲令出使屬邦，尤須隆其位望，俾稍有威風，藉資坐鎮。」於是清廷以袁陞道員，加三品銜，總理衙門加檄，委袁以駐紮朝鮮總理交涉通商事宜。自此以後，袁氏留駐朝鮮凡九年，迄中日開戰前始歸國。

三、光緒十二年（1886），朝鮮有求俄國保護事。據云已與俄訂有密約。袁氏聞之，向韓廷嚴加詰責。韓乃取消其事，並治首謀諸臣以法。

四、光緒十三年（1887），朝鮮派遣全權特使朴定陽、趙臣熙分赴美、英、俄、德、意、法諸國聯邦交，袁氏告清廷干涉之。

五、光緒十五年（1889），朝鮮咸鏡道饑，觀察使趙秉式禁止米穀出口，時日本商人有大宗黃豆方欲輸出，也因阻禁以致腐朽，日商損失十四萬餘圓，責朝鮮賠償，朝鮮為罷秉式官，許償六萬圓，日人不可，凡三易公使以爭償金，至十九年（1893），始以償十一萬圓了事，而日人頗疑袁世凱操縱其間。

六、光緒十一年（1885）的朝鮮之亂，金玉均、朴泳孝逃日本，而朝鮮人李逸植、洪鍾宇分往刺之。鍾宇佯與玉均交

【圖一】金玉均西裝照

歡。光緒二十年（1894）二月，自日本與玉均偕乘西京丸來上海，鍾宇以手槍擊殺玉均於一日本旅社【圖一】。中國捕鍾宇並玉均屍同送朝鮮。朝鮮超賞鍾宇五品官，戮玉均屍，日本大譁。會逸植刺泳孝於日本，未中，日人處逸植極刑。日、朝如水火，且遷怒中國。

　　照上面所敍述的事實，中國仍視朝鮮如屬邦，且中、日的感情也日趨惡劣，本來是隨時可以發生衝突，會光緒二十

年 (1894) 四月，朝鮮發生東學黨之亂，朝鮮請中國出兵，而中日戰爭遂以開幕。

所謂東學黨者，創始於朝鮮人崔福述，係混合儒、佛、仙三教而成，執筆降神，舞劍騰空，其事甚秘，以與西教對待，故自號曰「東學」，後崔福述坐妖言被誅，至光緒十九年 (1893) 其徒崔濟愚等上疏，請伸師寃，不得，且得罪，於是該黨嘯聚忠清、全羅諸道，其勢蔓延。時朝鮮內政腐敗，賦重刑苛；兩班、常民互相嫉視；東學黨人利用此種反抗不平之氣，遂於光緒二十年 (1894) 三月，倡亂於全羅道的古阜縣，韓廷以洪啓勳為招討使，率兵平亂，初戰甚利，黨人逃入白山，官兵追之，中伏大敗，幾至全軍覆沒，於是亂黨由全羅犯忠清，陷全州，獲軍械無算，並出示全州城，以匡君救民為名，傳言即日進攻公州、洪州，直搗王京，韓廷大恐，乃向袁世凱告急，請我國出兵。

≈ 中日兩國出兵代朝鮮平亂的經過 ≈

時袁世凱【圖二】據駐日公使汪鳳藻報告，謂日本政府與議會衝突，無力對外，於是袁氏以朝鮮告急的情形轉電北洋

【圖二】袁世凱

大臣李鴻章，而我國出兵之議遂決，時光緒二十年（1894）四
月二十八日也。

五月初三日，經鴻章奏派的直隸提督葉志超、太原鎮總
兵聶士成，共率蘆楡防兵四營赴朝鮮，合屯牙山。同時依據
《天津條約》以出兵理由及經過照會日本。照會中錄清廷上諭，
有「速平禍亂，以綏藩屬」等語，日本於五月四日答覆我國文
中，對此層表示不能承認，並於同日由其駐北京公使小村壽太

【圖三】陸奧宗光

郎照會我國總理衙門，謂日本亦須出兵。原來這個時候，日本的內閣總理為伊藤博文，外務大臣為陸奧宗光【圖三】，因為朝鮮問題，處心積慮想與中國一戰，已早具決心。現在看見朝鮮的內亂日劇，而中國又已出兵，認為千載一時的機會已到，於是一面奏請日皇裁可出兵，一面毅然決然，將議會解散，並首先決定兩項方針：一、務使日本立於被動者的地位，中國立於主動者的地位。二、竭力避免第三國的干涉。五月初六日，

日本公使大鳥圭介乘軍艦八重山號抵朝鮮的仁川，即率數百人前往漢城，其時東學黨人聽說中國的大兵到了，早已棄全州逃走。不久大亂便已平息，而日本的陸軍仍續續開來，朝鮮阻止日本增兵，日本不聽；中國約日本撤兵，日本也不從。可是這個時候中國的軍隊駐紮牙山，日本的軍隊則在漢城一帶，相隔有一百五十里。日本想要找一種口實與中國開釁也很不容易，於是伊藤、陸奧等乃運用一種外交策略，要求以中、日兩國協同改革朝鮮的內政，其辦法的大要，則由中、日兩國派出常設委員若干名於朝鮮，調查該國的財政，淘汰其中央政府及地方官吏，同時設置必要的警備兵，以維持該國的安寧秩序，並且整頓該國財政，募集能募的公債，以使用於開發國家公益的事業……原案是由伊藤提出閣議的，而陸奧等予以贊成。可是陸奧知道這種提案決不能得中國的同意，而日本的外交或將陷於僵局，於是經過通宵的考慮之後，乃決定於伊藤原案以外，更加入下列的兩項：一、不問與中國政府的商議能否成功，非觀其結果如何，決不撤回目下在朝鮮的日本軍隊；二、如果中國政府不贊同日本提案時，日本政府須以獨立擔任，使朝鮮政府行前述之改革。日本方面，根據伊藤、陸奧的這個提案，於五月十四日，即以中、日兩國代朝鮮改革內政的要求，向我駐日公使汪鳳藻正式提出，五月十九日，中國政府即以三項極正當

的理由駁覆之：

一、　朝鮮內亂，現已平定，中國軍隊已無須代朝鮮政府討伐，更無中、日兩國協力鎮壓之必要。

二、　朝鮮內政的改革，應讓朝鮮自為之，中國尚不干預其內政，日本素認朝鮮為自主之國，更無干預其內政之權利。

三、　事變平定，依照《天津條約》，中、日應彼此撤兵，此時已無容再議。

這三項答覆，即在陸奧宗光等亦未始不認為理由充足，然而理智不能戰勝他們的野心，所以日本政府於收到此項公文後，當日即以種種不相干的理由作答，堅決表示非貫徹日本的主張即不撤兵之意。

在此中、日兩方爭議甚烈的時候，俄國方面因為受了李鴻章的慫恿，及為自身在朝鮮方面的利益着想，曾出而干涉；英國則恐中、日戰端一開，足以影響其在遠東的商務，亦曾出而執調人之勞；美國則僅以一種廣泛的祈望和平的心理，曾一度向日本提出忠告，然均先後為伊藤、陸奧等運用或硬或軟的方略，設辭拒絕之。

俄、英兩國的干涉與調停，既為日本所拒，中國方面對日本改革朝鮮內政的提案又始終不允接受，而惟要求日本撤兵，於是日本乃決心作戰。六月十四日，日本駐北京公使小村壽太郎向我國總理衙門提出照會，其大意謂：「朝鮮之亂，在內政不修，若中、日兩國合力同心，代為酌辦，事莫有善於此者。萬不料中國悉置不講，但曰請我國退兵而已。近日駐北京、東京之英國公使，力勸彼此持平商辦，而中國仍執須令日本退兵原議，毫無合力整頓之意。此非中國政府徒好生事而何？兩國若啓爭端，實惟中國執其咎，日本政府不任其責」云云。同月十七日，大鳥圭介更以哀的美敦書的形式，向韓廷提出要求，限三日內答覆：一、日本政府自行架設京城、釜山間軍用電線；二、朝鮮政府依照《濟物浦條約》為日本速建兵營；三、牙山的中國兵，速令撤退；四、廢棄中、韓間一切牴觸朝鮮獨立的條約。到同月二十日，朝鮮的答覆未能使日人滿意，大鳥圭介即率兵圍王宮，殺衛兵，驅逐諸閔，令大院君主政，韓廷狼狽不堪，即以詔勅招大鳥協商改革內政。時日兵蟠踞京城、仁川間者凡八千人，而袁世凱已於十七日回國。韓廷不得已，一切如日本所命，二十三日宣佈廢棄中、韓間一切條約，並託日本兵驅逐中國駐紮牙山的軍隊。中國與日本遂完全破裂，而戰端以開。

≋ 中日戰事概括的敍述 ≋

詳細述敍中日海陸戰事的經過，不是本書的目的，茲僅以極經濟的文字概括的敍述之如下：

一、豐島的海戰。自六月二十一日大鳥圭介在韓京實行暴動以後，而世凱又已歸國，鴻章始知和議已完全絕望，於是一面命大同鎮總兵衞汝貴率盛軍十三營發天津，盛京副都統豐伸阿統盛京軍發奉天、提督馬玉崑統毅軍發旅順，高州鎮總兵左寶貴統奉軍發奉天，均自遼東渡鴨綠江入朝鮮，以平壤為目的地。一面命濟遠、威遠、廣乙三軍艦先後往牙山，又租英商輪高陞號，載北塘防軍，輔以操江運船，載械赴援。二十三日，濟遠逃，廣乙坐礁毀，操江運船懸白旗，為日人掠去，高陞被日艦吉浪、野速以魚雷擊沉。此役計損失兵力一千一百七十二名。

二、成歡的陸戰。成歡距牙山東北五十里，聶士成率兵五營駐之，葉志超則以一營駐公州。六月二十七日，日少將大島義昌以大隊來犯，踞成歡西北面山坡，士成自督隊與相持甚猛，以器械遠不及日軍精利，故卒為所敗，死傷約五百人。士成率殘卒趨公州，而志超已棄公州先遁。於是合軍繞道北走，

至七月二十一日、二十八日，志超、士成始先後抵平壤與大軍會合，途行一月，死亡甚多，而志超方以成歡之戰，殺敵過當，並沿途屢敗日兵，鋪張電鴻章入告，又奏保員弁數百人，獲嘉獎，並賞軍士銀二萬，未幾志超且拜總統諸軍之命。

　　三、平壤的大戰。經過了豐島和成歡兩戰以後，中、日兩國乃於七月初一日正式宣戰。七月初二日，衞汝貴、左寶貴、豐伸阿、馬玉崑四部共二十九營萬四千餘人始抵朝鮮的平壤。平壤為朝鮮舊京，城垣壯闊，形勢險要，大軍到此，既不直趨王京，以與日人爭利；又不擇險分屯，互為策應，以絕覬覦。乃置酒高會，僅知築壘環炮，為嬰城固守的下策；衞汝貴且縱掠朝民、漁婦女，及志超到軍，更庸懦無佈置。情勢如此，固不待兩軍接觸，而勝負之數已前定了。

　　日兵攻平壤者，計分四大支。八月十六日，即實行向我軍總攻擊。我軍守平壤城東大同江東岸者，為馬玉崑部，抵死與日本相撐拒。自早六點鐘開始，至午後兩點以後，血戰凡八小時，日人死傷山積，大敗而退。不幸此時，守元武門者為左寶貴軍。寶貴雖忠勇奮發，親自指衞，而炮火乃遠不及日軍之利。寶貴中炮死，元武門因而為敵所陷，志超樹白旗乞降，且下全軍速退令，即於是夜棄平壤北走。是役我軍死者凡二千餘人，擄去者亦數百人，軍火糧餉、公文密電，一切

為日人奪去，朝鮮全境，且完全落入日軍之手。

四、黃海的大戰。平壤大戰在八月十六日，黃海大戰則為八月十八日。先是十三日鴻章命我海軍全隊十二艘，計鎮遠、定遠兩鐵甲，致遠、靖遠、經遠、來遠、濟遠、超勇、揚威、平遠八兵輪，廣丙、廣甲兩艘，合其他炮船、魚雷艇等護商輪五艘載銘軍十二營援平壤。十八日護送運船的任務已畢，除平遠、廣丙留鴨綠江港口外，提督丁汝昌令其餘十艘於午刻起椗，將歸旅順，而日艦十二艘，已鼓輪橫海向我軍而來，計吉野、高千穗、秋津州、浪速四快船，松島、千代田、嚴島、橋立、比叡、扶桑、西京丸、赤城八戰艦。我軍以定遠、鎮遠兩巨艦居中央，餘艦列左右兩翼前進，午後零時五十分，距敵艦六千米突，即發炮開戰，日艦不應，進至三千米突內外，日艦始應戰，於是兩軍乃激烈交炮。未幾，我超勇艦先沉，濟遠受傷圖遁，又撞沉揚威，致遠藥彈盡，艦長鄧世昌欲撞敵艦吉野同沒，未及而沉。經遠中水雷，廣甲坐礁，均破碎。定遠、鎮遠雖與敵艦苦戰，然已中彈甚多，不能再戰，至日沒，丁汝昌乃率殘艦歸威海衛。計是役，我軍損失致遠、經遠、超勇、揚威、廣甲五船，官弁陣亡八十七名，兵士死一千餘人，傷四百餘名。日軍僅死九十四名，傷二百名，軍艦比叡、赤城、西京丸三艘雖受重傷，但無一沉沒。

五、遼東與山東之戰。我軍自八月十六日在平壤敗後，即棄安州、定州不守，直奔五百餘里，於八月二十二日先後渡鴨綠江逃入邊境。自是朝鮮境內已無我軍勢力，而遼東半島的形勢因以緊張。自八月十八日我海軍在黃海失敗以後，僅餘殘艦數艘逃入威海，中國海面已完全為日軍所控制，山東也因以緊急。時日本新組織第一、第二兩軍，第一軍由陸軍大將山縣有朋統之，由義州渡鴨綠江以攻我正面；第二軍由陸軍大將大山巖統之，由海道攻我大連、旅順。時我軍葉志超已免職，由宋慶總統諸軍，計新舊約七十餘營，兵力可謂甚厚。然自九月下旬與日軍再度接觸以後，轉戰於九連、安東、鳳凰城、連山關、岫巖、柝木城、海城、蓋平、牛莊等處，卒退至遼河以西，棄田莊台不守。日本第二軍則由花園口登陸，覓土人導至貔子窩，於十月初九日陷金州，十一日陷大連，二十五日陷旅順。蓋自光緒二十年（1894）九月至次年二月，歷時約五個月。我軍勝少敗多，凡遼河以東、遼陽以南之地，幾盡為日本所佔領。而第二軍更分兵擾我山東，於光緒二十一年（1895）正月陷威海衞，時我海軍自黃海敗後，即潛伏威海港內，至是日軍從岸上以大炮擊之，我軍艦乃完全陷入絕地。右翼總兵劉步蟾以手槍自戕，提督丁汝昌仰藥死，乃由英員某草降書，道員牛昶炳署以海軍提督印，仍託諸汝昌語，由廣丙管帶程璧光持向

日軍乞降，於是殘艦十一艘（內有雷艇六艘）及劉公島各炮台軍資器械盡納於日，我海軍乃掃地以盡。日本既無敵於海上，後分兵佔我澎湖，為割台灣地步，中國不得已，乃惟有出於忍辱求和之一途。

≈ 馬關議和 ≈

先是光緒二十年（1894）十月，清廷已遣津海關稅務司洋員德璀琳（Detring）為媾和使赴日，探日本媾和條件。日本以德璀琳係鴻章私人，非大員，不許。十二月，乃更遣侍郎張蔭桓、巡撫邵友濂前往。日本亦以伊藤博文、陸奧宗光為全權大臣，與張、邵會於廣島，以張、邵所攜勅書無「全權便宜行事」等字樣，仍拒絕不與開議。伊藤且授意張、邵隨員伍廷芳，謂非鴻章親往不可。蓋以割土地、賠巨款，當時清廷諸大臣中能肩此重任者，僅鴻章一人而已。張、邵回到上海，即以此意電告總理衙門，時威海衛、劉公島已相繼陷落，海軍盡覆。清廷急於謀和，乃於次年正月十九日，命鴻章為頭等全權大臣赴日。二月二十四日，鴻章與伊藤、陸奧會於馬關的春帆樓，由鴻章交出擬請停戰的節略。次日復議，伊藤要求以大沽、天津、山海關為

質，始允停戰。鴻章堅拒之，結果乃於二十八日決定不停戰，先議和。是日鴻章自會所歸，途中為日本刺客小山豐太郎所槍擊，傷顴，創甚，世界輿論大譁，日本懼，乃允不索質停戰議和，但僅以奉天、直隸、山東為限，南方不在內。三月初七日，伊藤、陸奧向鴻章提出締和條約十款，其大要：一、朝鮮自主；二、奉天南邊各地台灣、澎湖各島均割與日來；三、賠兵費三萬萬兩；四、添開商埠，改訂商約。鴻章爭之再四，日本亦略有讓步，卒於是月二十三日將草約簽定，其重要條款如下：

一、　中國確認朝鮮為完全無缺的獨立自主國。

二、　中國割奉天南部及台灣、澎湖列島與日本。

三、　中國賠償日本軍費銀二萬萬兩。

四、　改訂中日通商行船及陸路章程，並遵行以下諸項：

　　A. 開沙市、重慶、蘇州、杭州為商埠；

　　B. 自宜昌至重慶，自上海入吳淞江入運河至蘇州、杭州間三航路，准日本汽船自由通航；

　　C. 許日本臣民在中國內地購買貨品及生產物，或將進口商貨運往內地，得暫租棧房存貨，不必納稅；

　　D. 許日本臣民得在中國各通商口岸從事工藝製造，並將機器進口，只交所訂進口稅。

【圖四】《馬關條約》談判會場一景

≈ 俄法德三國干涉 ≈

《馬關條約》【圖四】於三月二十三日簽字，同月三十日，俄、法、德三國即聯合出面，向日政府提出交涉，要求日本將遼東半島退還中國。其表面上的理由，謂日本若佔領遼東半島，則不僅中國的國都日危，即朝鮮的獨立，也歸於有名無實，是遠東和平的大障礙。而實際上則以日本佔有遼東，俄國在遠東出海的道路以斷，對於俄國雄飛宇內的野心，實予以最大的攻擊，故不能不爭。法與俄為協商國，對俄自不能不予以援助；德則故欲引俄有事於遠東，以減輕俄國在歐洲的力量，且不願俄、法兩國過於親密，故亦欣然加入。

自三國這種干涉提出以後，俄國乃正式備兵，伊藤大起恐慌，遂於明治天皇的御前會議，提議三策：一、斷然拒絕三國勸告；二、遼東問題付列國會議議決；三、依三國之要求返還中國。欲實行第一策，則日本戰後實無此勇氣；欲行第二策，陸奧又以為糾葛太多。結果乃忍氣吞聲，全部接受三國的勸告。於是四月十四日《馬關條約》正式在煙台換約。割台時，台民雖反抗甚力，但亦卒歸失敗。九月還遼的條約亦成，我方加償日本銀三千萬兩。中日戰事遂告完畢，而台灣乃從此暫隸日本的版圖。

≈ 中日一戰所及於中國的影響 ≈

　　這一戰的結果，在中國近代史上有極重要的關係。在此戰以前，中國對外雖已經過幾次的挫敗，但自信之念還不曾十分消滅。換言之，除掉槍炮船械而外，對於西洋的一切學術思想文物制度，仍舊保持着一種深閉固拒的態度。自從有了這一戰，才感覺得自己百無一可，不變法維新簡直無以自存，所以自從《馬關條約》訂立以後，又經俄、法、德、英幾國的多方壓迫，於是一時志士雲起，變法自強的論調噪於全國。孫中山於光緒二十一年（1895）設興中會謀革命題，在廣州起事；康有為、譚嗣同、梁啟超等倡新法，至二十四年（1898）遂有戊戌維新的一幕。這是中日戰爭對於中國政治的影響。

　　中日戰爭以前，中國的國際地位還不十分低落，列強在中國雖有若干的關係與勢力，但尚無所謂「勢力範圍」等不祥的名詞。中國的東南海岸除澳門、香港而外，猶是金甌無缺。自經此戰，俄、法、德三國以干涉還遼之故，羣起向中國要求報酬。俄既強租旅順、大連，又以華俄道勝銀行、東清鐵路等關係，囊括滿洲大部分權利，蒙古也被視為己物。德國藉曹州教案，德教士二名被殺，乃以海軍強佔膠州灣，要求九十九年的租借期，且攘奪山東全省的路礦權利。法國以安

南的地位關係，所注意者在雲南、兩廣，見俄、德既各有所得，也要求廣州灣九十九年的租借權，同時要求兩廣、雲南不得割讓他國。英國對於遠東的侵略，素來是態度極其沉着、手腕極其惡辣。現在看見俄、德在北方發展，法人在南方經營，乃一面租借威海衞以抗俄人，同時分德人在山東之勢，一面又要求租借九龍，以抵制法人，並且要求揚子江沿岸各省不得租借或割讓與他國。當時名義上無所得的要算是美國人，但它的態度更聰明，乃純從經濟侵略上着想，提出中國門戶開放的宣言，先後取得各國的承認。中國的國際地位，從此一落千丈。這也純然是受中日一戰之賜。

在中日戰爭以前，中國的財政還絲毫不曾擾亂，當時所借的外債，總共不過六百八十四萬餘磅，以中日開戰以後，兵費一項已所耗不貲，戰敗賠款二萬萬兩，贖遼又三千萬兩，窮無復之，惟有借債之一法，計自光緒二十年（1894）到二十四年（1898），外債總額已突飛猛進加到五千四百四十五萬五千磅，更加利息二千五百一十八萬五千兩，蓋已十倍於戰前。又《馬關條約》允外人在各通商口岸設廠製造，於是外人得運用其雄厚的資本、低微的勞銀、廉價的生貨，以與中國實業界競爭，中國的實業乃難有發展的希望。這算是中日一戰影響中國財政經濟之最大者。

參考書

一、 姚錫光著：《東方兵事紀略》

二、 林樂知、蔡爾康合著：《中東戰紀本末》(廣學會)

三、 陸奧宗光著；龔德伯譯：《日本侵略中國外交秘史》(商務)

四、 左舜生選輯：《中國近百年史資料初編》(中華)

五、 王光祈譯：《三國干涉還遼秘聞》　　(中華)

第五章

日俄戰爭的原因與結果

俄、法、德三國逼迫日本歸還中國的遼東，這是日本一件最痛心的事，但假如三國果然是仗義執言，並不是自私自利，則日本還可以忍受，無如各國完全是為自己，所以更非日本所能堪。現在將中、日戰後俄國在東三省所得的種種權利概括的敍述之如下，便可知道日、俄的衝突是事實上無可避免的。

≋ 中日戰後俄國在東三省所得的種種權利 ≋

　　一、光緒二十二年（1896）李鴻章使俄，賀俄皇尼古拉二世加冕大典，曾在莫斯科與俄國財政大臣微德（Witte）訂立《中俄密約》。此項密約包括下列兩要點：

　　1. 中俄攻守同盟，對付日本。

　　2. 准許俄國建築西伯利亞鐵道經過黑龍江、吉林兩省地方直達海參威，其事交華俄銀行承辦。

二、同年七月，中國駐俄公使許景澄又與俄國訂立《華俄道勝銀行契約》，由中國出資本銀五百萬兩，而該銀行得：一、領收中國國內之諸稅；二、經營與地方及國庫有關係之事業；三、鑄造中國政府許可之貨幣；四、代還中國政府募集公債的利息；五、佈設中國國內的鐵道電線。照這種規定，便儼然成了一個中國的國家銀行。

三、華俄道勝銀行成立的第三天，許景澄又與俄國訂立中、俄合辦東省鐵路公司合同十二款，章程三十款，使俄國享受絕大的利益。其章程的第一款，且許該公司得開採煤礦，並准其在中國組織工商礦務之實業；其第八款，又許該公司得設護路警察。

四、光緒二十四年（1898）三月，以德國強租我膠州灣之故，俄乃強租我旅順、大連，以旅順為俄國海軍港，以大連為商港，並規定自哈爾濱至旅、大的鐵道與自牛莊沿海濱至鴨綠江的鐵道，由俄國築造。同時又就遼東半島有所謂中立地及租借地的規定，並就租借地建關東省以總督治之。

五、光緒二十五年（1899）三月，英、俄又成立一種協約，規定「揚子江流域為英國的鐵道建築範圍，長城以北為俄國的鐵道建築範圍，互相承認不相侵害」。依據此種規定的意義，俄國實已囊括東三省與蒙古為其勢力範圍了。

綜觀上述的種種，自光緒二十二年（1896）到光緒二十五年（1899）的三年間，俄國對於東三省的侵略實已突飛猛進。即此一方面，日本已經不能忍受，何況當時的俄國對朝鮮也沒有放棄它的野心呢？這些都可算是日俄戰爭的遠因。

≋ 中國的拳亂與俄國佔領東三省 ≋

光緒二十六年（1900），中國的北方發生拳匪之亂，等到五月二十五日，清廷對各國宣戰的上諭發佈以後，俄國在東清、南滿兩鐵道的人員，便同時受着中國官兵和土匪的壓迫，中國黑龍江的副都統既炮擊黑龍江俄國船舶；中國薩哈連官軍，又炮擊俄市布拉哥郭威斯臣斯克，於是俄軍大舉進攻，一部自黑龍江方面攻入，一部自關東省方面攻入，至是年閏八月，即已完全佔領東三省。但俄國雖一面佔領東三省，一面卻向清政府表示好意，其意即在將東三省劃出中國與聯軍議和的範圍以外，而由俄國單獨與中國交涉。於是光緒二十七年（1901）正月，乃有與中國駐俄公使楊儒訂立的《中俄密約》發生。依據此項密約，則不僅俄國在東三省的軍隊暫時不肯撤退，即以後中國在東三省駐兵多少，亦須得俄國同意；不

僅旅、大方面的勢力更須擴張,即滿蒙、新疆等處的鐵道礦山,非得俄國同意,亦不許讓與他國,即中國不得俄國許可,也不許自行築路。中國方面以此密約提示各國公使,各國大譁,日本民氣更激昂備至,聲言不辭與俄國一戰。俄國在此種羣起反對的形勢之下,不得已申明將密約廢棄。但同年九月,仍與李鴻章有第二密約的進行。在第二次密約中,雖已承認分期撤兵,但要索仍多,且與英、日利害衝突之點也不少,故仍未得中國政府的批准,而李鴻章又正於此時死去,以此密約終不成立。

≈ 英日同盟與滿洲撤兵條約 ≈

初俄、法、德三國干涉,將遼東退還中國,英國未肯參加,已予日本一可與為友的印象。及拳亂發生以後,又由英國以救援使館的名義,請求日本出兵至一師團之多。此實英、日接近的第一步。此次中、俄兩度的密約,雖先後歸於破壞,而英、日實同感不安;且俄國佔領滿洲之兵,既遲遲未肯撤去,同時又勾結喇嘛,欲向西藏有所發展,凡此均足促成英、日兩國聯合向俄以謀抵抗,於是英日同盟遂於一九○二年一

月（光緒二十八年）成立。此同盟條約第一條規定「兩締盟國承認中、韓兩國之獨立」，並聲明「兩締盟國之利益，即英國以對中國之利益為主，日本對於中國之利益及韓國政治上、商工業上之特殊利益，若因他國侵略行為，至締盟國之利益受侵害，或因中、韓兩國自起騷擾，致締盟國臣民之生命財產受侵害，兩締盟國為擁護該利益起見，各得執行必要之手段。」其第二條則規定「兩締盟國若一方因防護利益與乙國交戰之時，他一方之締盟國，須守嚴正中立，並努力妨礙第三國加入乙國與同盟交戰。」凡此條文，無一非為英、日兩國合謀抵禦俄國而發。俄國看見這種形勢，也感到以武力佔領滿洲，畢竟為事實所不許，不得已乃與清廷訂立《滿洲撤兵條約》，約定條約批准後，俄國分三期，每期六個月，將東三省所駐俄兵全部撤退。

光緒二十八年（1902）九月十五日，俄國遵照條約，將錦州、遼河西南部的俄軍悉數撤退，同時將關外鐵道交還中國。二十九年（1903）三月十五日，第二期撤兵期已屆，俄國本應將奉天、吉林兩省殘餘的俄軍撤退，但俄國不僅不撤，反令其駐北京代理公使向我外交部提出新要求七項：一、俄國還付東三省之土地，中國決不租借割讓與他國；二、俄國撤兵之區，中國不得開作自由商港；三、東三省行政與軍事，中

國不得聘用俄國以外之人；四、牛莊一切公務，歸俄人經理；五、牛莊關稅收入，永遠任華俄道勝銀行管理；六、東三省衛生事務，歸俄人經理；七、中國所設東三省的電線，俄國得使用之。此七項要求引起日、英、美三國的非難，為中國政府所拒絕。俄公使乃更提新議五款：一、擴華俄道勝銀行的營業權，凡東三省中國經營之事業，與中、俄共同事業，統由該銀行貸給資金；營口稅關事務，今後二十年委託華俄道勝銀行管理；三、奉天、吉林兩省設交涉局，由中、俄兩國委員組織，關於兩省之政治、軍事、經濟、衛生、司法等事，相互協商辦理；四、由北京至張家口，經庫倫達恰克圖之蒙古鐵道，歸華俄道勝銀行修造；五、西藏西北部，行中、俄協同行政制度。這種提案，對中國固然是橫暴無理，對日本也無異於直接宣戰；加之俄國不僅對滿洲是如此，乃至對朝鮮也不肯放鬆，於是日本不得已，乃於一九〇三年七月（光緒二十九年）由外務大臣小村壽太郎提案與俄國協商。在日本方面，只希望俄國不佔領東三省的土地，至俄國在東三省的特殊利益，則日本儘可承認之，不過同時也希望俄國能承認日本在朝鮮的特殊地位；反之，俄國則不僅不願日本對東三省有所過問，同時對日本在朝鮮的活動也須加以限制。結果關於東三省的利益，兩國無妥協的餘地。延至一九〇四年二

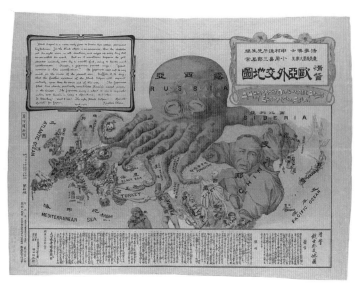

【圖一】日俄戰爭時期的日本反俄宣傳

月（光緒三十年），兩國遂實行宣戰。【圖一】由一九〇四年二月戰到次年六月，俄陸軍屢敗，旅順要塞降，海軍亦敗，波羅的艦隊東航，更全軍覆沒，卒由美大總統羅斯福提議調停。日方以外務大臣小村壽太郎為全權，俄方以微德為全權，訂立《樸資茅斯條約》。

≈ 日俄戰爭所及於中韓兩國的影響 ≈

該條約第五款規定將旅順、大連及其附近領地領水之租借權，乃至一切權利財產讓與日本；第六款規定將長春、旅順間鐵路及一切支線並附屬該鐵路一切權利、財產、炭坑讓與日本。光緒三十一年（1905）十一月，日本以小村壽太郎為全權，與中國全權奕劻、瞿鴻磯、袁世凱訂立《東三省善後條約》，正約三款，即承認《樸資茅斯條約》所規定由俄國讓渡日本一切關於滿洲的權利，又訂附約十二款，日本更獲權利無算，其最大者：

一、 在東三省共開商埠十六處，即鳳凰城、遼陽、新民屯、鐵嶺、通江子、法庫門（以上屬奉天），長春、吉林、哈爾濱、甯古塔、琿春、三姓（以上屬吉林），齊齊哈爾、海拉爾、璦琿、滿洲里（以上屬黑龍江）是也。

二、 將安東、奉天間軍用鐵道改為尋常鐵道，由日本繼續管理。

三、 准許南滿洲鐵道與中國各鐵道接續聯絡。

四、 在營口、安東、奉天府各處劃定日本租界。

五、 由中、日兩國合立木材公司，採伐鴨綠江右岸森林。

凡此都是日俄一戰所及於中國的直接影響。蓋中、日戰後日本所不能得者，至是不僅盡得之，且超出未受俄、法、德三國干涉的《馬關條約》甚遠。

又日俄戰爭不僅為的是滿洲問題，同時日本認定要徹底的解決朝鮮問題，也非與俄國一戰不可，所以當日俄宣戰之初，日本駐韓公使林權助即與韓外務大臣李址鎔訂立所謂《日韓議定書》，已夷朝鮮為日本的保護國。繼又訂一日韓協約，將朝鮮外交財政大權全部歸於日人。及日俄戰爭結果，俄人在朝鮮已無復絲毫勢力，日本乃實行併吞朝鮮的企圖。第一步訂立日韓新協約，實行日本對朝鮮的保護權；第二步遣伊藤博文為朝鮮統監，干涉朝鮮的一切外交內政；第三步逼韓皇李熙讓位其子李坧【圖二】，再立一協約以擴張保護權；第四步遣散朝鮮軍隊，以日本軍隊代之；第五步乃剝奪朝鮮的司法權。一九〇九年（宣統元年），朝鮮志士安重根【圖三】狙擊伊藤博文於哈爾濱，死之，日本謀併朝鮮乃愈切，而朝鮮一進會會長李容九及總理大臣李完用等，受日本浪人運動，亦主張日韓合併甚力，至一九一〇年（宣統二年）八月，正式訂立《日韓合併條約》，朝鮮遂為日有，日本乃更進一步侵略中國。

【圖二】李坧

【圖三】安重根

參考書

一、 張明煒譯:《國際競爭中之滿洲》(華通)

二、 王芸生編:《六十年之中國與日本》(大公報社)

三、 王光祈譯:《李鴻章遊俄紀事》(中華)

四、 劉彥著:《帝國主義壓迫中國史》(太平洋書店)

五、 朴殷植著:《韓國痛史》

第六章

日俄戰後九一八事變前

日本在東三省的佈置

依據一九〇五年（光緒三十一年）中、日合訂的《東三省善後條約》，凡俄國在南滿洲所得的一切權利由《樸資茅斯條約》讓渡與日本者，已完全取得中國的承認。又依據《東三省善後條約》的附約，則日本在南滿所得權利，乃更超出俄國前所得者之上。自此項條約訂立的次年，到九一八事變以前，為時凡二十六年。我們試細看此二十六年中日本在東三省的佈置與發展，便知九一八事變之來，決非偶然。

　　我們要提綱絜領將此二十六年間日本人對東三省侵略的事實作一概括的敍述，可分作三方面觀察：

一、從政治軍事文化上觀察；

二、從鐵道事業上觀察；

三、從其他的經濟事業上觀察。

≋ 從政治軍事文化上觀察 日本在九一八前對東三省的侵略 ≋

　　日本在東三省政治的策源地為關東廳，其所管轄的地方，包括旅順、大連及金州一帶，即日本人所謂關東州者便是。在一九〇六年（光緒三十二年）八月以前，日本在此地所設的軍政最高機關稱「關東總督府」，自一九〇六年八月以後至一九一九年（民國八年）四月以前，則稱「關東都督府」。總督與都督都是統轄軍民兩政。自一九一九年四月以後，乃廢止關東都督府改為關東廳，將軍事劃歸關東軍司令部，而民政則全歸關東廳管轄。

　　關東廳長官由日本天皇親任，除管轄關東州內一切民政事宜外，並可監督南滿洲鐵道株式會社。該廳內部組織，除長官房外，有一內務局，一警務局，一財務部；其所直轄的官署機關則有民政署（大連、旅順各設民政署，金州設民政支署，普蘭店、貔子窩設出張所）、警察署及支署、高等法院、地方法院、高等法院檢察局、地方法院檢察局、遞信局、刑務所、海務局，此外尚有各種學校、醫院、農事蠶業水產等試驗場、觀測所、博物館等等，設備都很完備。

　　除關東州外，日本在南滿更有所謂鐵道附屬地的經營。

考鐵道附屬地的起源，係根據光緒二十二年（1896）清政府所訂《東清鐵路公司條例》，該條例規定「清政府負擔無論何時對於襲擊鐵路及鐵路從事員之安全保護責任，而鐵路及其附屬物之地所內，秩序安寧之保護，公司可委任警察。」允許公司委任警察保護鐵路及其附屬物所在地內的秩序安寧。事實上，即無異對土地主權的放棄。

南滿鐵道【圖一】附屬地的權利，即根據一八九八年清政府與東清鐵路公司締結關於東清鐵道、南滿支線條約，日俄戰後，由俄國讓與日本，得有清政府的承認。安奉沿線，則根據《中日東三省善後條約》的附約第六款，一切照東清鐵道條約辦理。

所謂南滿鐵道附屬地的境域，除關東州外，大抵沿鐵道兩側平均為兩百丈（依各地情形廣狹極不一致）。日本人在這種附屬地施行的是一種所謂「四頭政治」。因為辦理此種地方的土木、教育、衛生及其他公共設施，乃至課居留人民以賦稅，這是由南滿洲鐵道株式會社中地方部負責，算是一頭。附屬地內的警察權歸關東廳所有，又是一頭。附屬地內的司法和外交歸日本領事，因此日本領事館也是一頭。此外關東軍司令部有維持關東州和南滿鐵道沿線的安寧秩序之責，其為有力的一頭，當然更無疑義。

South Manchurian Railway Co.
南滿洲鐵道株式會社大連本社

Library of South Manchurian Rail way Co.
南滿鐵道株式會社大連圖書館

【圖一】南滿鐵路株式會社在大連的本社和圖書館

在此種附屬地內，因為事業的開發、保護的周到，人口乃逐年增加：在光緒三十四年 (1908) 僅有日本人一萬七千一百四十二名、中國人一萬二千三百七十五名、其他外國人七名，合計僅二萬九千五百二十四名。經過十七年的工夫，到民國十四年 (1925)，日本人已增加到十萬零一百四十三名、中國人十九萬三千五百零一名、其他外國人一千七百四十八名，合計乃有二十九萬五千一百二十二人，恰恰等於十七年前的十倍。最近幾年，有着同一比例的增加，當然亦無疑義。

此外日本又藉口未經中國承認的《二十一條》在東三省實行商租權以購買中國的土地；又利用關東廳的法院以濫施領事裁判，而日本警察在南滿一帶的橫行，更是一件使人觸目驚心的事。

撤廢在中國的客郵，本來在華盛頓會議中已有一種決議，但日本藉口在東三省的特殊地位，不允放棄，在九一八以前，合計日本在東三省所設的郵政、電報、電話、無線電報局所，共有四百六十餘所之多，其作用為破壞中國的交通大政，增加日本侵略中國的方便。

以上都是日本在東三省對於政治一方面的設施。

日本在東三省駐兵，並無條約上的根據，僅日、俄兩國

訂的《樸資茅斯條約》有「在中東和南滿兩條鐵路沿線，每一公里可以設二十五名守備兵」的規定，此實與中國無干。

此一時代日本在東三省的軍事佈置，以關東軍司令部為最高統率機關，其組織分參謀、副官、兵器、經理、軍醫、獸醫、法務等部；其司令官則由陸軍大將或中將任之，而直隸於日本天皇。九一八前，日本在關東州及南滿、安奉兩鐵道沿線所駐紮的陸軍一師團，和鐵路守備隊四大隊，人數共約四萬，統由關東軍司令部指揮，以警備關東州及保護南滿、安奉兩鐵道為其職責。

此外於遼陽則設駐箚師團的司令部，專轄分駐在關東州及南滿鐵道沿線的陸軍一師團，於公主嶺則設守備隊司令部，統轄專任警備鐵道和保護電線的四大隊；於旅順則設旅順要塞司令部，其職責在擔任旅順要塞的防禦，並管理要塞所有的兵器、器具、材料及防禦營造物等，也隸屬於關東軍司令部。同時旅順又設有關東憲兵隊本部統轄日本在東三省的關東憲兵隊；在大連、遼陽、瀋陽、鐵嶺、長春、安東均設有分隊；在柳樹屯、大石橋、營口、海城、撫順、開原、四平街、公主嶺、連山關均設有分遣所。憲兵隊的主要任務在受關東軍司令官的指揮為軍事警察，有時也受關東廳長官的任命，任行政司法警察。又旅順軍港駐有相當的海軍，中東路沿線

由師團中派有一聯隊的北滿派遣隊，至於軍需、軍醫等機關，無不應有盡有，且異常完備。

以上是日本在九一八以前，在東三省關於軍事佈置一方面的大概。

日本對於東三省不僅於政治、軍事兩方面有嚴密的佈置，即對於文化事業的經營，也可謂不遺餘力。

以學校教育而論，有專為日本學生而設的，有專為中國學生而設的，還有一小部分專為朝鮮學生而設的。以經營學校的機關而論，有由關東廳經營的，有由滿鐵會社經營的，而大連市、日本居留民會、東洋協會、日俄協會也各有一小部分或一二學校的經營。以學校的種類而論，則多數幼稚園、小學校、公學堂、普通學堂、女子家政學校、中學校，以及若干中等性質的商業學校、農業學校、礦山學校、師範學校……都是關東廳與滿鐵會社所主辦的。而關東廳更辦有旅順工科大學，滿鐵會社則辦有南滿洲工業專門學校、滿洲教育專門學校、滿洲醫科大學，這此都是日人在南滿所設的高等教育機關。大概統計在這種日本教育薰陶下的中國學生，至少當有四萬人左右。東省教育界的人士雖曾有過一度收回教育權的運動，可是毫無結果。

以社會教育而論，則最可注意者凡有三端：

其一為滿鐵會社所經營的圖書館。以大連圖書館而論，藏書在三千萬冊以上，每月看書的平均為五、六千人，館內且設有「交通」、「殖民」、「滿蒙經營」三種特別研究室，其規模之宏大與管理之良好，實可稱讚。至其他小規模的圖書館設置於滿鐵沿線及哈爾濱等地方者，殆亦不下三十所。

其一為關東廳在旅順所辦的博物館。該館計分三部分：一、本館，內分動物、植物、礦物、水產、風俗、參考各部；二、考古館，所陳列者為先史時代遺物及有史時代遺物等部；三、紀念館，所陳列者係日俄戰爭時代的紀念品，見之能使人發生無限感慨。

其一為日人在東三省所經營的新聞雜誌。凡日報、週刊、旬刊、月刊等，無不應有盡有，有專談時事者，有屬於工商業之調查報告者，亦偶有作純粹學術上之研究者，其總數殆不下二百種至三百種。吾人今日在全國已常感到近年有若干事變，往往受日人宣傳的影響，在東三省則日本人的新聞政策更可支配一切，這實在是一件極可注意的事。

≈ 從鐵道事業上觀察
日本在九一八前對東三省的侵略 ≈

九一八以前的東三省，是中國境內鐵道最多的一個區域，但其勢力實為中、日、俄三國所分有。當時與俄國最有密切關係者為中東路，計自哈爾濱至滿州里為該路的西部線，自哈爾濱至綏芬河為東部線，自哈爾濱南行達長春為南部線，合雙城子至梨樹鎮的一段穆稜路計之，其全長為一千一百零五英里又小數點八。（約合中國三千三百餘里）近年以中俄合組的中東鐵路管理局管理之，其實權實操於俄人之手。（現俄人已決定售與偽國，實際無異讓度與日人。）

純粹由中國自辦的鐵路，則以北寧路為幹線，而以瀋海（瀋陽至海龍）、吉海（吉林至海龍），打通（打虎山至通遼）等線附益之。此外如黑龍江省的呼海路（呼蘭至海倫）、齊克路（昂昂溪至克山縣）、齊昂路（齊齊哈爾至昂昂溪），以及由通裕煤礦公司經營的通裕路（兒女溝至大窰溝）、由鶴立煤礦公司經營的鶴立崗路（蓮花泡至鶴立崗煤礦）、商辦的開拓路（開原至西豐），都算是中國人所專有。統計東三省由中國自辦的鐵路，其全長為一千一百七十九英里（約合三千五百餘里）。

此外如吉長路（吉林至長春）、吉敦路（吉林至敦化）、四洮路（四平街至洮南）、洮昂路（洮南至昂昂溪）、金福路（金州至城子幢）、天圖路（地坊至老頭溝，朝陽川至局子街）、溪城路（本溪湖至牛心台）等，名義上或為中國國有，或為中、日合辦，然大率以借款條約關係，完全在日本勢力支配之下。計此七路的全長為七百六十四英里（約合中國二千三百里）。

至純粹由日本經營者，則有南滿洲鐵道株式會社所管理的各線，計分：一、南滿本線（大連至長春，長四百三十八英里五）；二、安奉線（蘇家屯至安東，長一百六十一英里七）；三、旅順線（旅順至周水子，長三十一英里六）；四、營口線（大石橋至營口，長十三英里九）；五、煙台線（煙台至煙台煤礦，長九英里七）；六、撫順線（渾河至撫順，長三十五英里四）；七、柳樹屯線（大房身至柳樹屯，長三英里六）。合此七線計之，其全長為六百九十八英里（約合中國二千一百里）。滿鐵會社經營此項鐵道已歷二十六年，其營業之發達、管理之良好，實為東三省諸路之冠；因此之故，滿鐵會社乃完全變成一侵略中國的東印度公司。

該會社成立於一九〇七年（光緒三十三年）四月一日，最初的資本限定為日金二萬萬元（後擴充為四萬萬元，入偽國以後，更擴充為八萬萬元），在當時日本一切的會社中，算是規

模最大。這二萬萬元的資本中，日本政府佔一萬萬，即以下列的財產作抵：

一、當時所有的鐵道；
二、屬於鐵道的一切財產；
三、撫順及煙台的煤礦。

其餘一萬萬則由中國政府及中、日兩國人民方面募集。但結果中國政府既絕對無此力量，中國人民應募的比之日人，也僅為一與一〇六六的比例，所以滿鐵會社無論名實，整個兒是日本所有的。並且因為股本的半數係出自日本政府，因而成了一種「官督商辦」的性質，而日本政府對於該社乃有絕對的管轄權。該會社置總裁一人、副總裁一人、理事四人以上，監事三人乃至五人。總裁、副總裁由政府任命，任期五年；理事由政府於五十股以上的股東中指派，任期四年；監事由股東大會推舉，任期三年。此外又由政府派遣監理官，其職權在監察事業的設施，並會社的金庫賬簿，及諸般的文書物件檢查；又監理官認為必要時，得命會社作成各種報告，且可隨時出席股東大會及其他會議，發表意見，參加表決。

該會社所經營的事業，在這二十餘年間，實無日不在積

極的發展中，除前舉的南滿各線鐵道為其主要事業外，又經營大連、安東、旅順、營口等處的港灣；開採撫順、煙台、鞍山等處的煤鐵諸礦。近年更努力於東三省農業的開發，尤着重於大豆的改良。於工商業則設有中央試驗研究所、商品陳列所，並獎勵日本商人所組織的團體，或輔助其參與各地的博覽會，更出資助成各種工商業會社；於鐵道附屬地內的各種事業如醫院、學校、圖書館、衛生所、消防所以及市街的道路等，更努力經營；而由該會社所設各種調查機關所出的多種書報雜誌，尤為今日世人研究滿蒙問題的寶庫！質言之，由該會社所經營的各種事業加以分析的觀察，該會社實無異於一獨立的王國，以今日的勢力論，較之昔年亡印度的東印度公司殆有過之而無不及矣。

≈ 從其他經濟事業上觀察
日本在九一八前對東三省的侵略 ≈

除前舉鐵道及附屬於鐵道的各種經濟事業而外，日人在東三省還有一大經濟勢力，則為其所經營的金融機關。據民國十六年（1927）的統計，日本在東三省所設立的銀行計有朝

鮮【圖二】、橫濱正金、正隆、滿洲、大連商業、大連興信、四平街、長春實業、開原、滿洲殖產、南滿、安東實業、協成、商工、日華、振興、平和等十七家，資本總額達一萬萬四千萬元，其設立地點為大連、瀋陽、安東、營口、吉林、長春、遼陽、鐵嶺、開原、四平街等處。就中朝鮮及正金且發行有多額的鈔票，東三省的金融實際上已大部分操縱於日人之手。

除銀行外，日本在東三省所經營的其他經濟事業，以商業論，還有交易所、保險業，運輸及倉庫業等；以工業論，則有榨油、紡織、製粉、釀造、製鐵、製材、柞蠶、製絲、火柴、

CHOSEN BANK.

朝鮮銀行

【圖二】朝鮮銀行

皮革、製紙、玻璃、肥皂、陶器、電氣、煤氣等。此類公司或工廠大率純粹為日人所經營，即有若干以中、日合辦的名義行之者，其實權也在日人之手。

據民國十六年 (1927) 關東廳調查日本在東三省的營業，共有七千八百零八家，就中規模較大的公司共有九百九十八個（包括滿鐵），所經營的工場共有七百五十所，就中使用原動力的四百八十九，不使用原動力的二百六十一。此九百九十八家大公司所實收的資本，其總數為五萬萬七千九百萬元。要就九一八前日本在東三省所經營的經濟事業作一種分析的研究，非本書的篇幅所許，但我們看了這些舉例的數字，則日本過去在東三省經濟勢力的雄厚，已可想像其一斑了。

參考書

一、 許興凱編：《日帝國主義與東三省》（崑崙書店）

二、 藤岡啓著；湯爾和譯：《東省刮目論》（商務）

三、 吳英華編：《二十年來的南滿洲鐵道株式會社》（商務）

四、 林同濟著：《日本對東三省的鐵道侵略》（華通）

五、 朱偰編：《日本侵略滿蒙之研究》（商務）

第七章

《二十一條》與巴黎華盛頓

兩次會議中的中日交涉

自光緒二十一年（1895）中、日戰爭結束以後——美國「門戶開放」政策宣佈以來，中國便完全生息於列強的均勢之下。均勢一失其平，中國的危險立見。

≋ 日本出兵佔領青島 ≋

一九一四年（民國三年）的歐戰既起，德、英、法、俄、意、奧諸強已全部陷入漩渦，其時能維持中國門戶開放政策者，僅餘美國一國，於是日本認為是侵略中國的千載一時之機，剛剛這個時候日本的內閣總理是對中國素抱野心的大隈重信【圖一】，而袁世凱有帝制自為之心，又為日本窺見其隱微，於是軒然大波的《二十一條》交涉乃於此時提出。

先是歐戰既起，中國已於是年八月六日宣告中立，但日本既欲乘機侵略中國，乃假藉英日同盟為口實，實行對德宣

【圖一】大隈重信

戰，其目的則在佔領膠州灣、膠濟鐵路，以及德人在山東所
享有之一切權利。日本所出海陸軍凡二萬餘人，且侵犯中國
的中立，不逕攻青島，而由距青島百五十英里的龍口登岸，
於是中國不得已，乃援日俄戰爭劃遼河以東為戰區的先例，

於九月三日與日政府約定以膠濟鐵路的濰縣車站以東為交戰區域，但結果日軍仍完全置之不顧，既以兵力佔領膠濟路全線，更進逼濟南，中國提出抗議，日本更一口咬定，說膠濟鐵路為德國的國有財產，實際上即為膠州灣租借地延長的一部。十一月七日，青島已完全降於日軍，中國乃宣告取消劃定戰區的宣言，並同時要求英、日兩國撤兵（時英國有少數軍隊參加攻擊青島），於是日本政府借題發揮，認為中國為沒卻國際情義，及至次年一月十八日，遂破國際慣例，由日本駐北京公使日置益逕向中國總統袁世凱提出五號《二十一條》的要求，其原文如左：

≈ 《二十一條》原文 ≈

第一號：

日本國政府及中國政府，互願維持東亞及全局之平和，並期將現在兩國友好善鄰之關係，益加鞏固，議定條款如左[1]：

1　編者按，原書為直排。下同。

一、 中國政府，允諾日後日本政府與德國政府，協定關於德國在山東省，依據條約，或其他關係，享有一切權利利益讓與等項之處分，概行承認。

二、 中國政府，允諾凡山東省內並其沿海一帶土地及各島嶼，無論何項名目，概不讓與或租借與他國。

三、 中國政府，允准日本國建造由煙台或龍口接連膠濟路線之鐵路。

四、 中國政府，允諾為外國人居住貿易起見，速自開山東省內各主要城市為商埠，其應開地方，另行協定。

第二號：

　　日本政府，及中國政府，因中國向認日本在南滿洲及東部內蒙古，享有優越地位，茲議定條款如左：

一、 兩訂約國互相約定，將旅順、大連租借期限，並南滿、安奉兩鐵路期限，均展至九十九年為期。

二、 日本國臣民，在南滿洲及東部內蒙古，為蓋造商工業應用之房廠，或為耕作，可得其須要土地之租借權或所有權。

三、 日本臣民，得在南滿洲及東部內蒙古，任便居住來往，並經營商工業等項生意。

四、 中國政府，允將南滿洲及東部內蒙古各礦開採權，許與日本臣民，至擬開各礦，另行商訂。

五、 中國政府，應允左開各項，先經日本政府同意，然後辦理：

〈一〉 在南滿洲及東部內蒙古允准他國人建造鐵路，向他國借款之時。

〈二〉 將南滿洲及東部內蒙古各項稅課作抵，向他國借款之時。

六、 中國政府，在南滿洲及東部內蒙古聘用政治財政軍事各顧問教習，必先向日本政府商議。

七、 中國政府，允將吉長鐵路管理經營事宜，委任日本國政府，其年限自本約畫押之日起，以九十九年為期。

第三號：

日本國政府，及中國政府，以現在日本資本家與漢冶萍公司，有密接關係，願增進共通利益，茲議定條款如左：

一、 兩締除約國互相約定，俟將來相當機會，將漢冶萍公司作為兩國合辦事業，並允如未經日本政府同意，所

有該公司一切權利產業，中國政府不得自行處分，亦
不得使該公司任意處分。

二、 中國政府允准所有屬於漢冶萍公司各礦之附近礦山，
如未經該公司同意，一概不准該公司以外之人開採，
並允此外凡欲措辦，無論直接間接，恐於該公司有影
響，必須先經該公司同意。

第四號：

日本政府，及中國政府，為確實保全中國領土之目的，
茲訂立專條如左：中國政府允准所有中國沿岸港灣及島嶼，
概不讓與或租借與他國。

第五號：

一、 中國中央政府須聘用有力之日本人，充為政治、財政、
軍事等項顧問。

二、 所有在中國內地所設病院、寺院、學校等，概允其有
土地所有權。

三、 向來中、日兩國屢起警察交涉，以致釀成糾葛不少，
因此須將必要地方之警察，作為中、日合辦；或在此
等地方之警察官署，聘用多數日本人，以資籌劃改良
中國警察機關。

四、 由日本採辦一定數量之軍械，（如中國政府所須軍械之半數以上）或在中國設立中、日合辦之軍械廠，聘用日本技師，並採買日本材料。

五、 允將接連武昌與九江、南昌之鐵路，及南昌、杭州間，南昌、潮州間各鐵路之建造權，許與日本國。

六、 福建省內籌辦鐵路礦山，及整理海口（船廠在內），如需外國資本時，先向日本協議。

七、 允日本國人在中國有宣教之權。

≋ 《二十一條》交涉的經過 ≋

日本自將此項要求提出後，一面既壓迫袁政府，強其嚴守秘密，一面並要求從速解決，不得延緩。袁世凱一方既怵於日本的威脅，一方因進行帝制，想取得日本的援助，也不免多少受其誘惑；因此當時雖經各省將軍及全國各界苦請將條件宣佈，袁氏卒置之不顧，而將此空前的亡國交涉，付諸素以無用著名的陸徵祥【圖二】和舉國厭惡的曹汝霖之手，使之與日使日置益從事秘密的協商。自四年（1915）二月二日起，至五月七日止，經過三個月的討論，中間日使更故意更改中國總

【圖二】陸徵祥

代表的言論,而反誣中國擅自塗改;故意墮馬延會,污辱中國代表屈就其所謂「床前會議」;且當談判緊急時,日方更調兵遣將,海陸並進。延至四月二十六日,日政府乃將原案略予修改,並將第五號暫予保留,作成所謂最後的讓步,於五月七日提出最後通牒,要求中國於五月九日午後六時以前,為滿足之答覆,否則即執行必要的手段。袁政府再三考慮的結果,既自審不堪一戰,不得已乃忍辱含垢,為最後的屈服。其

答日本政府的覆書，且經過日使的校閱，對於保留的第五號，日使且強迫曹汝霖於日使館添註「容日後協商」五字，日置益始認為完全滿足。茲將陸徵祥與日置益於五月二十五日正式簽訂的各項條約及照會照錄於下，以見此項交涉之結果：

≈ 《二十一條》交涉的結果 ≈

甲、《山東協約》

一、 中國政府允諾日後日本政府向德國政府，協定所有德國關於山東省依據條約或其他關係，對中國享有一切權利利益讓予等項之處分，概行承認。

二、 中國政府允諾自行建築由煙台或龍口至膠濟路線之鐵路，如德國拋棄煙濰鐵路借款權之時，可向日本資本家商議借款。

三、 中國政府允諾為外國人居住貿易起見，從速自開山東省內合宜地方為商埠。

四、 中國政府允諾不將山東省內及沿海一帶之地域島嶼租借或割讓與他國。

乙、《南滿東內蒙協約》

一、 兩締約國約定將旅順、大連租借期限，並南滿、安奉
兩鐵路之期限，均展至九十九年為期。

二、 日本國臣民在南滿洲為蓋造工商業應用之房廠，或為
經營農業，得商租其需用地畝。

三、 日本臣民得在南滿洲任便居住來往，並經營商工業一
切生意。

四、 如有日本臣民及中國人民願在東部內蒙古合辦農業及
附隨工業，中國政府可允准之。

五、 前三條所載日本國臣民除照例將所領之護照向地方官
註冊外，應服從中國警察法令及課稅。
民刑訴訟，日本國臣民為被告時，歸日本領事官審判；
中國人民為被告時，歸中國官吏審判；彼此得派員旁
聽。但關於土地，日本國臣民與中國人民之民事訴訟，
照中國法律及地方習慣，由兩國派員，共同審判。將
來該地方司法制度完全改良時，所有關於日本國臣民
之民刑一切訴訟，即完全由中國法庭審判。

六、 中國政府允諾為外國人居住貿易起見，從速自開東部
內蒙古合宜地方為商埠。

七、 中國政府允諾以向來中國與各外國資本家所訂之鐵路借款合同規定事項為標準，速從根本上改訂吉長鐵路借款合同。

將來中國政府關於鐵路借款事項，將較現在各鐵路借款合同為有利之條件給與外國資本家時，依日本國之希望，再行改訂前項合同。

中國外交總長陸徵祥之照會一（關於南滿租期展長事件）

本日畫押，關於南滿及東部內蒙約內第一條所規定，旅順、大連租借期限，展至民國八十六年，即西曆一千九百九十七年為滿期。南滿鐵路交還期限，7.716 毫米；其原合同第十二條所載，自開車之日起，三十六年後，中國政府可給價收回一節，毋庸置議。安奉鐵路期限，展至民國九十六年，即西曆二千零七年為滿期。

中國外交總長陸徵祥之照會二（關於南滿開礦事件）

日本國臣民於南滿洲左列各礦，除業已採勘或開採之各礦外，速行調查選定，中國政府即准其採勘或開採，但在

礦業條例確定以前，應做照現行辦法辦理。

　　屬於奉天省之礦區：本溪縣中心台之煤礦、本溪縣田什付溝之煤礦、海龍縣杉松崗之煤礦、鐵化縣鐵廠之煤礦、錦州暖池塘礦。

　　自遼陽至本溪、鞍山站一帶之鐵礦。

　　屬於吉林省之礦區：和龍縣彬松崗之煤礦並鐵礦、吉林縣缺窰之煤礦、樺甸縣夾皮溝之金礦。

中國外交總長陸徵祥之照會三（關於滿蒙優先權事件）

　　嗣後南滿洲及東內蒙需造鐵路，由中國自行籌款建造；如須外資，可先向日本資本家商借。又中國政府，嗣後以南滿洲、東內蒙之各種稅課作抵（除中國政府業經為借款作抵之鹽稅關銳等類以外之稅課）與外國借款時，可先向日本資本家商借。

中國外交總長陸徵祥之照會四（關於南滿聘顧問事件）

　　嗣後如在南滿洲聘用政治、財政、軍事、警察之外國顧問時，可儘先聘用日本人。

日本公使日置益之照會一（關於商租解釋）

本日畫押，關於南滿、東內蒙約內，第二條商租二字，須了解含有不過三十年之長期，及無條件而得續租之意。

日本公使日置益之照會二（關於制限警察法及稅則事件）

本日畫押，關於南滿及東內蒙約內第五條之規定，日本國臣民應服從中國之警察法及課稅，由中國官吏通知日本領事接洽後施行。

中國外交總長陸徵祥之照會五（關於漢冶萍中日合辦事件）

中國政府因日本國資本家與漢冶萍公司有密接之關係，如將來該公司與日本國資本家商定合辦時，應允許之。非得日本資本家之同意，不將該公司歸為國有，又不將該公司充公，又不使該公司借用日本國以外之他國資本。

中國外交總長陸徵祥之照會六（關於福建不作軍事上設施事件）

中國政府茲特聲明，並無在福建省沿岸地方允許外國建造船所、軍用貯煤所、海軍根據地及其他一切軍事上施設之事，又無借外資欲為前項施設之意。

日本公使日置益之照會三（關於交還膠州灣事件）

日本國政府，於現下之戰役終結後，膠州灣租借地全歸日本國自由處分之時，於左開條件之下，將該租借地交還中國。

一、　膠州灣全部開為商埠。

二、　由日本政府指定地域設置日本專管租界。

三、　如列國希望共同租界，可另行設置。

四、　此外關於德國之營造物及財產之處分，並其他之條件手續等，於實行交還之先，日本國政府與中國政府另行協定。

除上舉兩協約與九照會而外。由袁氏授意參政院提出

鞏固國防的建議案。於五月十四日，依據該項建議，公佈下記的申令，蓋亦事前得有日公使日置益同意，即以應付日本《二十一條》原案第四號中國沿海不割讓的要求的。原令如下：

查海疆邊域，關係國防大計，亟應詳審綢繆，該院建議，洵識慮遠大，特加宣布。嗣後中國所有沿岸港口灣岸島嶼，無論何國，概不承認租借或讓與，並着陸海軍兩部及海疆官吏，力負責任，妥為籌防，以副鞏固國權之至意。

依據上舉文件，及第五號容日後協商的答覆書，日本此次的要求，可以說完全實現，可是日本仍顧慮自己趁火打劫的行為，難保不引起將來列強的干涉，因乘歐戰期中各國利害未能一致時，分別為下舉種種的佈置。

≋ 日本在歐戰和議前的種種佈置 ≋

一、民國五年 (1916) 七月，日、俄兩國在俄京成立一攻守同盟的密約，以擁護兩國在中國政治上的優越權，對第三

國加以極端的排斥。為避免世人的注意，表面上又為一渾括其辭的協定以掩飾之。

二、民國四年（1915），英、俄、法三國駐北京公使，曾一度勸中國參戰，袁世凱已表示承諾，但為日本所阻撓，致未實現。民國六年（1917），德國無限制使用潛航艇，美乃與德絕交，中國也對德提出抗議。日本知道大勢所趨，中國參戰終不能免，乃於是年二月乘機分別向英、法、俄、意交涉，以各國承認日本承襲德國在山東的一切權利，及佔領赤道以北德領各島為日本贊成中國參戰的條件，先後取得各國一致的承認。此實後來英、法兩國在巴黎和會不能為中國幫忙的根本原因。

三、英、法、俄、意已分別對付，日本認為，對中國問題還有一個極有力的發言者，則為美國。於是藉口日、美兩國已共同對德宣戰，在作戰期間兩國有應協商之點，乃派遣子爵石井菊次郎赴美與美國務卿蘭辛氏（Robert Lansing）討論兩國協同戰鬥各案。其實石井最重要的使命，乃係誘致美國政府對日本侵略中國的種種行為有一種正式的承認，於是於民國六年（1917）十一月七日由美、日兩國政府發表一有名的《美日共同宣言》，宣言中最重要的一點，即「美國政府承認日本在中國有特殊的利益，接壤日本所領的地方尤然」。日

本得有此種明白的承認，乃擴大解釋謂「特殊利益」四字，包括中國的內政外交各政權而言，美國後來雖已覺悟而有悔心，然而此種幼稚的舉動，實已抬高日本在中國的地位不少。

四、列強對日本侵略中國的發言機會，雖由日本運用其巧妙的外交手腕一一防止，可是日本認定中國既已參戰，即無法阻止其在將來的和議席上發言。於是一面於民國六、七(1917-1918)兩年之間，利用中國參戰及內爭複雜的機會，先後借與中國鉅款二萬萬三千萬元(計一、善後借款日金一千萬元；二、交通銀行借款日金二千萬元；三、吉長鐵路借款日金六百五十萬元；四、第一次軍械借款日金一千六百萬元；五、善後借款墊款日金二千萬元；六、無線電借款英金五十三萬六千二百六十七鎊；七、有線電借款日金二千萬元；八、吉會鐵路墊款日金一千萬元；九、第二次軍械借款日金二千三百六十四萬三千七百六十二元；十、吉、黑兩省金礦森林借款日金三千萬元；十一、滿蒙四路墊款日金二千萬元；十二、濟順、高徐兩路墊款日金二千萬元；十三、參戰借款日金二千萬元。)，以為在中國造成一絕大日本勢力的基礎，以求《二十一條》實行的貫徹，同時即利用此種借款的關係，以示惠於當時的段祺瑞內閣，因而成立一所謂《山東善後協定》，此實山東問題在巴黎和會失敗的最大原因。原來民國七年(1918)九

月駐日公使章宗祥與日本興業銀行副總裁小野英二郎締結一濟順、高徐二鐵路預備借款日金二千萬元的契約，一方由中國允許將膠濟鐵路歸中、日合辦，又濟南至順德、高密至徐州二鐵路，由日本借款建築，同時日本則允將在山東之日軍除留一部於濟南外，其餘全部撤至青島；又將在膠濟路沿線所設的警察及民政署一概撤退。時段內閣正努力從事於內爭，睹此二千萬元之甘餌，遂不惜鑄成大錯。茲錄當時駐日公使章宗祥覆日本外務大臣後藤新平的照會如下：

敬啟者：接奉貴翰，內稱貴國政府，顧念貴我兩國間所存善鄰之誼，本和衷協調之意旨起見，提議關於山東省諸問題，照左記各項處理等因，業已閱悉。

一、 膠濟鐵路沿線之日本國軍隊，除濟南留一部外，全部均調集於青島。

二、 膠濟鐵路之警備，由中國政府組織巡警隊任之。

三、 右列巡警隊之經費，由膠濟鐵路提供相當之金額充之。

四、　右列巡警隊，本部及各要驛，並巡警養成所內，應聘用日本人。

五、　膠濟鐵路從業員，應採用中國人。

六、　膠濟鐵路所屬確定後，歸中、日兩國合辦經營。

七、　現在施行之民政撤廢之。

中國政府對於日本政府右列之提議「欣然同意」。

特此奉覆。此致日本外務大臣後藤新平閣下。

中華民國七年九月二十四日駐日公使章宗祥

依據此項照會，不僅膠濟鐵路歸中、日合辦，而沿路的巡警隊也落於日人的掌握，再加以高徐、順濟兩路，則日本的勢力實已佈滿山東全省。所謂「欣然同意」云云，蓋不啻一紙自畫的賣身契約也。

≋　中國在巴黎和會中的失敗　≋

日本這種種的陰謀，中國國民還完全睡在鼓裏，所以當一九一八年（民國七年）一月美國大總統威爾遜宣佈歐戰媾和

條件十四條的時候，中國國民乃表示熱烈的歡迎，以為在大戰期間所受日本種種的侮辱，或可由此一為湔雪；因此所望甚奢，不僅《二十一條》與山東問題希望得一圓滿解決，即租借地與領事裁判權等項，也希望趁勢收回。

一九一九年（民國八年）一月，巴黎和會正式開幕，我國出席代表為陸徵祥、顧維鈞、王正廷、施肇基、魏宸組等五人，向和會提出希望條件凡七項：

一、 廢棄勢力範圍；

二、 撤退外國軍隊巡警；

三、 裁撤外國郵局及有線無線電報機關；

四、 撤消領事裁判權；

五、 歸還租借地；

六、 歸還租界；

七、 關稅自主。

當時留歐的學生團體，認定吾國出席和會為要求取銷《二十一條》的最好機會，要收回山東權利也非辦到這一點不可，於是我國代表又向和會最高會議提出請求取消一九一五年（民國四年）五月二十五日中日條約及換文的陳述書。但最高會

議對我國上述兩種提案，認為非和會權限所能及，只能交由將來的國際聯盟的行政部請其注意而已。這兩種提案既已歸於失敗，中國方面惟一的希望只有期待和會允許青島由德國直接交還中國這一點。但是日本既要求自由處分青島甚力，英、法又受密約的拘束，不能為中國幫忙。美國對中國雖多少有一點好意，可是孤掌難鳴，也是愛莫能助，何況到了緊要關頭，為着自己的利益，也還是要拿中國作犧牲品呢？因此之故，中國要求直接收回辦不到；美國代表蘭辛主張青島問題由英、美、法、意、日五強處置也辦不到。最後中國允許賠償日本青島戰爭的軍費，並開放青島為外人居留地；而以德國在青島所享種種權利移讓於五強，而由日本於一年後交出，由五強還付中國，也還是辦不到，結果和會卒將德國在山東所享權利讓予日本，而製成和約全案中的一百五十六、五十七、五十八的三條條文。其原文如下：

　　第一百五十六條
　　德國根據一八九八年三月六日之《中德條約》
及其他關於山東省一切協約，所獲得一切權利、
特權、膠州之領土、鐵路、礦山、海底電線等，
一概讓與日本。

德國所有膠濟鐵路權，及其他支線權，暨關於此項鐵路一切財產、車站、店鋪、車輛、不動產，又礦山及開礦材料與附屬一切權利利益，讓予日本。

自青島至上海至芝罘之海底電線，及其附屬財產，無報酬讓與日本。

第一百五十七條

膠州灣內德國國有動產、不動產，及關於該地直接間接之建築，及其他工事，無報酬讓與日本。

第一百五十八條

德國於和約實行三個月內，將關於膠州之民治、軍政、財政、司法等一切簿籍、地券、契據、公文書讓渡與日本。

同期間內，德國將關係前兩條所記權利特權之一切條約協約合同等，讓渡與日本。

中國對和會抱着絕大的希望，費了許多的氣力，而所得的結果不過如此。這當然不是人情所能堪，於是留歐國人有拒絕

簽字的運動。可是我國代表對於不簽字仍有許多顧慮，因此於不簽字外尚提出若干的辦法：一、要求於和約內山東各條之下聲明保留，不許；二、要求於和約後聲明保留，亦不許；三、要求於和約外，另聲明保留意義，仍不許；四、最後要求不用保留字樣，僅僅聲明而止，也還是不許。中國至此已走到盡頭，及六月二十八日簽字期屆，中國代表竟不出席！只是這樣消極的抵抗雖然仍是失敗，可是究竟與日本及列強一種深深的刺激，同時也就構成了華盛頓會議不能不召集的一個原因。

≈ 五四運動 ≈

此外在巴黎和會期間還有一件事值得一述的，便是由於這次的對外活動產生了一次空前的愛國運動，現在流行的所謂「五四運動」就是指的這件事。原來當本年四月二十二日，威爾遜在和會最高會議曾向我國代表聲明，謂英、法與日本有將青島讓歸日本的密約，而中國自身又於一九一八年九月與日本政府有關於山東問題善後「欣然同意」的換文，因此美國實愛莫能助云云。我國代表陸徵祥將此事實報告北京政府，

於是輿論大譁，群情憤激，直指曹汝霖、章宗祥、陸宗輿三人為賣國賊，致釀成五月四日北京天安門群眾大會的一幕。結果曹汝霖宅被焚，章宗祥被毆幾死，多數學生因此被捕，幾經推蕩，更造成全國罷課罷市以要求釋放學生的風潮，政府卒屈於公意，將曹、章、陸三人免職，將被捕全體學生釋放。此事影響最近十年間的政治外交者甚大，而排斥日貨提倡國貨也以此役以後為最力。中國後來在華盛頓會議能有一部分的成功，以及近年打倒帝國主義與取消不平等條約的高唱入雲，蓋亦莫不以此役為發端也。

≈ 華盛頓會議中的中日交涉 ≈

巴黎和會閉幕後，美國參議院認為和約不妥之點甚多，於是由該院通過對和約的十大保留案。此十大保留案中的第六案，即完全屬於山東問題，其原文如下：

> 美國對德約一五六、一五七、一五八三條，不與
> 同意，並保留美國對於中、日間因此項條款所起爭論
> 之完全自由行動權。

日本看見美國對山東問題表示這樣鄭重的反對態度，於是一面誘惑中國安福系的靳雲鵬內閣進行直接交涉，一面則積極擴張軍備而以美國為其假想之敵人；同時更遣其皇太子聘問英國，希望一九二一年將屆期滿的英日同盟得以繼續。然而中國對直接交涉既已正式拒絕，英國也絕無贊助日本以敵視美國的可能，同時英、美兩國以大戰告終，瘡痍未復，更不願列強又無限制的擴張軍備，以從事第二次的大戰，再加之美國未批准對德的和約，國際上若干問題皆將陷於僵局，於是英國慫恿美國出面，而有一九二一年十一月的華盛頓會議。

　　華盛頓會議的主要問題屬於兩方面，其一為關於限制軍備問題的，其一則關於太平洋及遠東問題的。中國問題為屬於第二方面的最重要者，涉及的方面甚多，以不在本書的範圍以內，故不多贅，僅敘其關係中、日兩國者，則有兩項：其一為山東問題的解決，其一則日本對於《二十一條》的一種聲明是也。

　　關於山東問題，日本代表拒絕在會內討論，結果乃由英、美兩國調停，即在華府由中、日兩國直接交涉，而由英、美兩國派員居間，但不參加討論，最後訂成《解決山東懸案》條約二十八條，又附約十六條，其要點如下：

一、 日本將膠州德國租借地交還中國。

二、 由中、日兩國組織一聯合委員會,與以商訂及執行關於移交膠州舊租借地的行政權及公產等的詳細辦法之權。

三、 日本政府將所有膠州租借地的一切檔案圖籍等交付中國政府。

四、 日本政府將膠州德國租借地內所有公產,全部移交中國政府,並不得向中國要求償價,但為日本所購置建造或增修者,中國應按照實價償還日本,又此項公產中為日本領事所必需,及為日本居留民用以作為學校寺院基地者,仍歸日方保留。

五、 日本軍隊駐紮膠濟路線及膠州灣者,俟移交後一律撤退。

六、 日本將膠濟路及其支線,並一切附屬財產,皆移交中國政府。由中國政府將該路現值實價償還日本(後定為日金四千萬元)。

七、 上項償還日本之款,中國以一膠濟鐵路財產及收入作抵之國庫券交付日本,期限為十五年但滿五年時或五年以後,中國得將國庫券全部或一部分償清。

八、 上項國庫券未償清以前,中國政府應選任一日本人,為車務長,並選任一日本人為會計長與中國會計長權限相等。

九、 前由中國許與德國開採之淄川、坊子、金嶺鎮各礦山，
改由中、日合辦。

十、 中國政府聲明，將膠州灣舊租借地全部開為商埠。

關於《二十一條》問題，則日本代表在遠東委員會曾發表
下記之宣言：

一、 日本將南滿洲及東部內蒙古建築鐵路借款獨佔權，及
南蒙、東蒙各種稅課借抵之借款優先權，均讓予新銀
行團，但關於新銀行團成約之範圍，不因此變更。

二、 日本將南滿洲聘用政治、財政、軍事、警察之外國顧
問優先權聲明放棄。

三、 日本將訂約時第五項之保留聲明放棄。

依據上述的結果，中、日兩國於華會閉會後，即組織聯
合委員會，按照上記的《解決山東懸案條約》，另行協定細目。
中國方面以王正廷【圖三】為代表，日本以小幡酉吉為代表，於
民國十一年（1922）十二月，中國乃將山東正式收回。

【圖三】王正廷

參考書

一、 劉彥著：《歐戰期間中日外交史》（太平洋書店）

二、 劉彥著：《最近三十年中國外交史》（太平洋書店）

三、 周守一著：《華盛頓會議小史》（中華）

第八章

華盛頓會議後

九一八事變前的

中日大事

自華會閉幕後，至九一八事變開演以前，為時近十年。此十年間的中、日關係，不僅沒有絲毫改善，且惡劣有加，急轉直下。乃至有以武力佔我東北四省之舉。茲姑先述華會後十年中、日間的若干大事。至九一八以後的若干事實，則留在本書最後一章敍述。

≈ 日本拒絕歸還旅大 ≈

　　日本租借我國的大連、旅順，原係承襲俄國的權利。當俄國向我租借旅、大時，係在光緒二十四年 (1898)，約定二十五年歸還，至民國十二年 (1923) 三月二十七日即已期滿，但照民國四年 (1915) 日本所強迫我承認的中日協約及換文，則旅、大租期須延長為九十九年，要到民國八十六年 (1997) 才能歸還我國。這當然是我國所根本否認的。可是要

收回旅、大，先要解除《二十一條》中、日協約及換文的束縛，所以中國國會於民國十二年（1923）一月，有根本將《二十一條》宣告無效一案的通過。該案的原文如下：

> 按國際法締結條約，雙方皆有認識對手國憲法上批准條約之義務。《中華民國臨時約法》規定大總統締結條約，須經國會之同意與承諾。該《二十一條》中、日協約，在國會解散期間，為日本威迫所締結，始終未得國會之同意與承諾，即未完成我國批准條約之要素。此種要素既未完成，則該約即未成立，當然不能有效，應由國會議決，咨請政府宣告無效。

當時的外交總長黃郛，即根據此項議決案，於是年三月十日，向日本提出下記的照會：

> 查民國四年五月二十五日所締結之中日協約及換文，實為中、日親善之最大障礙，中國屢次要求廢棄在案。華盛頓會議，日本代表看重我國提案，曾將日本在南滿、東蒙借款優先權、顧問教官權，與訂約時第五項之保留，聲明完全拋棄。中國代表未能滿意，

仍聲明須全部拋棄，並保留他日相機解決此案之權，經各國代表正式承認，並經會長正式宣告登入會議錄在案。茲本國國會，於民國十二年一月常會議決，對於民國四年五月二十五日所締結之中日協約及換文，認為無效，准參議院咨請查照辦理前來，足徵中國民意，始終一致，而旅、大租期，瞬將期滿，本政府認為改良中、日關係之時機，業已成熟。特向貴國政府，重行聲明，所有民國四年五月二十五日締結之中日條約及換文，除已經解決，及經貴國政府聲明放棄各項外，應即全部廢棄。並希指定日期，以便協商旅、大收接辦法，及關於民國四年中日條約換文作廢後之各項問題。本國政府深信貴國政府必能容納本國國民全體之意思，將數年來兩國親睦之障礙完全掃除。

日本政府接到此項照會，仍一本其自來的頑強態度，對於中國國民的公意完全置之不理，致此事毫無結果可言，茲錄其答覆書如下：

准貴國政府，照會廢止大正四年五月二十五日所

訂中日條約及換文等因，此實出於日本政府之意外。按該條約及換文，業於華盛頓會議，由日本全權有所說明，今貴政府欲將兩國間有效存在之條約及換文任意廢棄，不但非所以謀中、日兩國親善之道，且實違反國際通義，日本政府斷難承認者也。且該約及換文之一部分，業已另訂新約，或聲明放棄，茲特聲明，此外絕對無再行變更之處。故對於貴國政府所提各節，如協議接收旅順、大連之辦法，及該約廢止後之善後措置，均無何等酬應之必要也。

≈ 濟南慘案的經過 ≈

最近數年間，外人固鑑於中國之日趨覺醒，其對於中國的無理壓迫，也比較從前大有增加，因此在民國十四年（1925）以後，陸續在各地造成多數的慘案。而其最有名者，則為民國十四年上海的五卅慘案與民國十七年（1928）五月三日的濟南慘案。五卅慘案後雖以英國為主題，而其發動則由於在上海的日本紗廠虐待中國工人，及內外棉第五廠職員日人元木、川村等槍殺工人顧正紅而起。濟南慘案則更由日本

的田中內閣一手造成，其事在近代中、日關係史上特別重要，故較詳的敍述之如下：

　　田中義一【圖一】是日本軍閥的代表，其處心積慮以謀對中國的侵略，由來已久。自民國十六年 (1927) 四月其所組織之內閣宣告成立，於五月二十日即向山東出兵。其出兵的理由，表面上謂係保護他們「帝國臣民的生命財產」，而實際上所包藏的野心，乃於是年六月二十七日他們所召集東方會議的議決案可以見之。該會議係由一部分軍人及對華的各重要

【圖一】田中義一

外交官如駐華公使、關東廳長、滿鐵總裁，及各重要領事所組成，其對中國的重要議決案如下：

> 乘中國革命戰，用強硬手段，將滿、蒙劃出中國領土之外，令其實際隸屬於日本。為達此目的，須出大兵於山東，阻止北伐成功，扶助張作霖擁有直、魯、豫各省，而迫其將滿、蒙管理權讓渡於日本。

日本第一次對山東出兵，即有這樣重大的意義，所以他們的行動，無一不表示十分積極，毫無顧忌。恰好本年八月，蔣中正因寧漢分裂的問題暫時下野，北伐因而停頓，日本失掉了駐兵山東的理由，亦遂於八月三十日正式向我國聲明撤兵。但在此次的聲明書中，已有「將來日本為不得已而施行權宜自衛之措置」等語，可見日本已早具有第二度出兵的決心。

十七年（1928）一月，蔣中正繼續行使總司令職權，既又以北伐全軍總司令自兼第一集團軍總司令，馮玉祥任第二集團軍總司令，閻錫山任第三集團軍總司令，李宗仁任第四集團軍總司令，大舉北伐。自四月七日第一集團軍從徐州開始總攻擊，至五月一日晨，其所屬第九、第二十六、第三十七各軍，即已佔領濟南，不幸的慘案，便於此時開幕了。先是當

北伐軍攻克泰安，日本即藉口保僑，第二度出兵山東，分駐青島、膠濟路沿線及濟南商埠。北伐軍佔領濟南後，於五月三日上午十時許，因有一兵卒由日軍自行劃定的防區附近經過，日軍即開槍，將該兵擊斃，既又派大隊到交涉公署，蜂擁入內，將戰地政務委員會交涉員蔡公時等十餘人慘殺。事後更轉向外交部長黃郛的辦公處行兇，黃聞耗避去。彼等窮搜不獲，遂縱火將外長辦公處燒去。日軍在此種暴行之下，一面以有組織的槍炮，向我軍掃射。我國軍民死者不計其數，一面又派大部軍隊，至我軍駐紮地點，勒令繳械，這些都是三日上午的事。當晚我國高級軍官與日本高級軍事長官會商救濟辦法，正磋商間，日軍又向我軍用大炮轟擊，並將我無線電台炸毀，一面並調駐青島日軍的第六師團部隊兩列車，由福田彥助率領，增防濟南，補足實力，屠殺我軍民。我國第四十軍陶師的第七團，全部被繳械，傷亡甚多，並俘虜我徒手軍民一千餘名，拘禁於正金銀行樓上，不准坐臥，並絕其飲食。又佔據電報局、郵政局以斷我交通，更利用直、魯軍的便衣隊，以擾亂北伐軍的後方，其手段之多方，可謂極兇狠之能事。

四日，濟南普利門外的商店，多被日軍搶掠。七日，福田向我提出無理條件之哀的美敦書，限十二小時答復，否則即行宣戰攻城。茲錄其所提條件下：

一、 國民革命軍，須離開濟南及膠濟路沿線兩側二十華里以外。

二、 中國軍隊治下，嚴禁一切反日宣傳，及其他之排日行動。

三、 騷擾及與暴虐行為有關係之高級軍官，加以嚴刑。

四、 在日本軍面前，與日本軍抗爭之軍隊，解除其武裝。

五、 為監視實行右列各條起見，將莘莊、張莊兩兵營開放。

時蔣中正已離濟南赴黨家莊，濟南交通斷絕，傳達困難，我方接到此項哀的美敦書後，曾由戰委會蔣作賓派員要求日方延長答復時期，交涉卒無效果，嗣又由蔣中正派熊式輝、羅家倫往日司令部談判，抵目的地已在上午八時了，福田竟不待答復，於八日清晨下令實行轟擊濟南城，日軍並破壞我黃河鐵橋、新城兵工廠，炸毀火藥庫，強佔莘莊兵房，掠奪我軍糧食輜重。即於是日佔領白馬山，向黨家莊前進，襲擊我第三軍。該軍奉命不准迎擊，損失甚大。日軍騎兵又襲擊雒口、齊河、長清一帶，妨礙我軍渡河，並截毀電柱若干，濟南城我軍留守兵力僅一團，日軍日夜用炮轟擊及投擲炸彈，城內房屋燒燬，死傷枕籍。日軍節節進逼，並派隊佔據馬鞍山，其一部進佔東西十六里河，向我第一軍團部隊射擊，濟南至

黨家莊之鐵橋亦被破壞。留守濟南城我軍之一團，奉命於十日衝出，日軍遂入城，大加屠殺，我後方病院有傷病兵七百餘人，全數殺死，此外商人居民死傷與軍士合計，其總數為一萬一千〇六十二名，而物質金錢之損失，尚不能統計，而慘案的活劇，即在此嚴重形勢之後，粗告閉幕。

日人造成此慘案後，仍在各處增兵不已，不僅於山東、河北、遼寧、吉林等處，增加多數的陸軍，且向長江及南華一帶，派出若干的兵艦，其橫暴無禮的態度，可謂發揮盡致。及北伐告成，全國將次統一，日人已失去久據山東的理由；且我國以慘案情形，迭次向世界各國公告。各國輿論，亦多不直日本所為；加以日本民政黨始終認田中出兵山東為一種失敗，因以在野黨之資格，攻擊田中不已。田中處此內外夾擊的形勢之下，不得已始於是年七月，訓令上海日本總領事矢田七太郎，向國民政府開始交涉，請國民政府即派全權代表前往濟南，與青島代理日領事，根據（一）國民政府道歉、（二）懲辦此次暴行負責者、（三）賠償經費、（四）保障將來的四大原則從事談判。後來日人的這種主張，為我國外長王正廷所拒，日人不得已，乃於是年十月，即命矢田與南京方面直接從事交涉的進行。我國主張先撤兵後談判，原已為日方所接受，但旋又推翻之。十八年（1929）二月，日公使芳澤謙

吉自赴南京交涉,結果議定下舉三項:(一)日本無條件撤兵、(二)賠償以對等為原則,(三)蔡公時被殺事件,由日本道歉,日政府又推翻之。嗣後因武漢方面的桂系軍人反對南京政府,而山東的主席孫良誠又有與桂系合作的嫌疑,南京方面恐長使日本在濟南駐兵,對內對外的關係皆將愈趨於複雜,不得已乃於是年三月二十八日以一種不痛不癢的方法將濟案解決,茲將當時解決此案的往來照會、議定書及聲明照錄之如下:

一、 日使致王外長照會

   為照會事山東日兵撤去後,國民政府以全責保障在華日僑生命財產之安全。則帝國政府擬自關於解決本案文件互換簽字之日起,至多兩個月內,將山東現有日本軍隊全部撤去,本公使特向貴部長通知。並關於日軍撤去前後之措置,應由中、日兩國各派委員就地商議辦理,本公使茲特向貴部長提議,相應照請查照。須至照會者。

二、 王外長覆日使照會

   為照會事,准本月貴公使照會內開:(原文見上照會從略)本部長表示同意相應照覆,須至照覆者。

三、 中日議定書

關於去年五月三日濟案發生，中、日兩國所受之損失問題，雙方各任同數委員，設中日共同調查委員會，實地調查決定之。

四、 中日聲明書

中日兩國政府，對於去年五月二日濟南事件，覺於兩國國民固有之友誼，雖覺不幸，但兩國政府與國民，現頗切望增進睦誼，故視此不快之感情，已成過去，以期兩國國交，益增敦厚。

≋ 張作霖被炸事件 ≋

隔濟案發生後剛剛一個月，日人又有炸死中國大元帥張作霖【圖二】的一幕。這件事與濟案在表面上看是兩件事，而實際上則是日人實行一種陰謀的兩個步驟。換言之，假如張作霖不受北伐軍的壓迫而能保有直、魯、豫等關內的地盤，而以滿蒙的權利實行向日本放棄，則張可以不死；又假如張作霖在退出關外以前，對於日本的要求，如商租權的承認，如吉會（由朝鮮的會寧到吉林）、長大（由長春到大賚）兩鐵路

【圖二】張作霖

的建築，能一一如日本的希望以解決，則張也可以不死；更假如張作霖是一個很庸碌的人，即令對於日本的新要求一時不加以允許，而對於日本在東三省固有的基礎不加以破壞，例如與南滿路競爭的打通線（由打虎山到通遼）不建築，對於美國投資到滿鐵會社的計劃不加以破壞，則日本雖恨張，尚不一定要將張置之於死。無如張作霖對這幾層都辦不到，而

其勢又不能不出關，一出關外，則以張之老練，既雄踞三省的地盤，而又擁有二十萬以上的大兵，且為世界列強所注目的一個人物，其為日本的眼中釘，自屬毫無疑義，於是乎張作霖死矣。

張作霖之被炸在民國十七年（1928）六月四日的清晨，其出事地點為瀋陽附近的皇姑屯車站，當時中國的通信社和報紙都受了日本宣傳機關的愚弄，絕無正確的消息可資研究。一直到該事件發生後的第四日，英人機關路透電報社始有如下面所記的消息發出：

　　路透七日奉天電　張作霖火車被炸處，茲據勘驗，見其地石柱上部損毀，其上之鋼製物破爛，火車之頂及兩側均全碎裂，而車座仍完整，是可知其爆炸至少發自地雷一枚或兩枚。地雷安置於南滿鐵路與京奉鐵路交叉點之南滿路高架橋鋼製物下北面石柱之頂。據專家估計，其炸力至少須最高烈性炸藥二百磅。至使張作霖火車過時轟發，不差半秒，若裝自發之導線必不能如是準確，非用電流引火線不可。裝置此種地雷，約需六小時之工作。就其佈置觀之，實出於陸軍工兵之手。據證人聲稱，前一夕該地守衛甚密，不許過路人行近，

至黎明衛兵乃退至宿處。自黎明至張車過時，其時間不敷安置此種地雷。有名分之團體，今尚未作負責任之勘驗，各界人士，甚以為異。若謂此次慘禍，乃手擲榴彈所致，但手擲榴彈斷不能毀壞火車或路軌若是之重大。故眾對此說皆疑之。若謂炸彈乃預藏車中，至時轟發，其理亦不可通。

根據上記的消息，已可以完全證明張之被炸，係日人所為：因為第一，炸彈係安置於南滿路鋼橋北面石柱之頂，完全在日人可以自由佈置的範圍以內；第二，二百磅最高烈性的炸藥，非中國任何兵工廠所能造；第三，以六小時從事電流引火的裝置，非日本訓練良好的工兵在日本的軍警掩護之下，萬辦不到……所以僅此一紙簡短的消息，已將此事的真象暴露了一大半，但其主動者是否屬於日本的最高當局，尚屬疑問。及此事發生後，經過了相當的時期，張學良【圖三】已微服出關，繼他的父親做了奉天的軍務督辦，日本方面又經過了若干作偽心勞、毫無效用的宣傳，彷彿這件事在世人的心目中已淡焉忘去。可是到了次年（民十八）一月，日本議院關於此事對其田中首相及白川陸相提出種種嚴厲的質問，而田中、白川無以自解，僅以「正在調查」一語了之。於是更引起多數反對黨的憤

【圖三】張學良

慨，甚至中立派的議員田淵豐吉竟於日本帝國神聖莊嚴的議壇
上大聲疾呼「殺張作霖者即田中其人！」於是此案的真象始全
部暴露無遺，而吾人對於日本軍閥手腕的惡辣，亦惟有「中心
藏之何日忘之」而已。

參考書

一、劉彥著：《最近三十年中國外交史》（太平洋書店）

二、龔德柏著：《揭破日本的陰謀》（太平洋書店）

三、蔣中正撰述：《三年來的國民革命軍》

四、龔德柏著：《日本人謀殺張作霖案》（瀋陽長城書局）

五、洪鈞培著：《國民政府外交史》（華通）

第九章

自九一八以至今日

讀者讀過本書的前八章，已可看出過去六十年日本對中國的侵略，實在是首尾一貫，一氣呵成。尤其可怪的，便是每到十年或不到十年，日本必對中國有一度更大的壓迫。例如：

一八七四年（同治十三年）出兵侵我台灣；

一八八四年（光緒十年）與我在朝鮮大事衝突；

一八九四年（光緒二十年）與我開戰；

一九〇四年（光緒三十年）在我東三省對俄作戰；

一九一四年（民國三年）在我山東省對德作戰，次年對我提出《二十一條》；

一九二七年（民國十六年）第一次出兵山東；次年再出兵，造成濟南慘案；自此急轉直下，至一九三一年（民國二十年），遂有九一八的事變。

≈ 日本以武力佔領東北的根本動機 ≈

九一八事變的起因，決不是為的甚麼萬寶山事件，也不是為的甚麼中村大尉被殺事件。換言之，只是實行自日俄戰後二十五年來日本朝野上下所目營心注的併吞滿蒙的國策而已。然而日本何以選擇在這一個時候？這也有幾點理由可說：

第一，日本自日俄戰後，即注意移民滿洲，但經過二十五年的結果，日本人民之移居滿洲者不過二十三萬，合八十萬的朝鮮人計之，亦不過一百萬而已。返觀中國，則直、魯兩省人民向關外移殖者，乃年以數十萬計，清末滿洲人口，不過一千八百萬，至九一八以前，則已到了三千萬！日本人之熱心開發滿洲，原想為他們自己移民的便行，但結果卻為了中國，這是他們所最不甘心的，所以覺得，非謀一根本解決不可。

第二，自國民黨北伐逐漸成功，民族主義的高潮一時已瀰漫於全國，所謂「打倒帝國主義」，所謂「取消不平等條約」，固無一非代表此種潮流之呼聲。中國人所厭惡的帝國主義，以日本為第一；中國所訂的不平等條約，以日本為最多；此種潮流與日本對我侵略之不能相容，固一極顯明的事實。日本軍閥有鑒於此，於是不惜冒大不韙，兩度出兵山東，其目的固在阻止國民革命軍之前進。可是結果適得其反。自民國

十七年（1928）六月張作霖被炸以後，張學良隨即微服出關，到是年十二月，即拒絕日本人的阻撓，通電易幟，表示服從中央，這是日本人最難過而又說不出所以然的。不僅如此，張作霖晚年頗熱心東三省權利的收復，對日、俄兩國在三省的勢力，曾設法排除，例如鐵道的增築、葫蘆島港的經營，可以說無一不與日本的勢力相抵觸。張學良承乃父之後，仍持此政策不變。加以國民黨的勢力既已伸入東三省，於是「打倒日本帝國主義」的呼聲，也就送到了日本人的耳邊，於是日本覺得此時還不動手，更待何時呢？

第三，中國三十年來，本來是生息在一個國際均勢下面的，日本要大舉侵略中國，勢必要選擇一個均勢失了平衡的時候。例如歐戰初起，日本即於民四（1915）向我提出《二十一條》，便是適用這種選擇的方法。近年全世界陷於不景氣，列強都在忙於應付國內的經濟問題，決無暇以實力過問遠東事件。這一點日本人是有把握的。國聯是一隻紙老虎，美國是一個銀樣蠟槍頭，蘇聯正在忙於完成第二次五年計劃，不願多管閒事。凡此也是日本看得很明白的。中國人倚賴性成，自己決無抗日的實力，列強既不能幫忙，中國人便只好坐着捱打。像這樣一個稍縱即逝的機會，日本覺得還不硬幹，豈非等於天予不取？

第四，全世界不景氣，日本亦不能例外，因此近年日本

的農村亦頗呈衰落之象。日本軍閥迎合世界政治右傾、經濟左傾的新潮，藉以一面見好國民，一面壓迫政黨，而最後的期望，則在完成軍部的獨裁。可是單有這樣一個對內的辦法是不夠的，要使得若干少壯軍人的慾望得以滿足，要使得若干不滿於生活現狀的國民有着海外繁榮的憧憬，則非耀兵於外以從事開拓新的天地不為功。日本經營滿洲既具有絕好的基礎，而世界和中國自身的弱點，又為日本所透視，於是九一八的前夕，知日本之必有事於滿洲，乃如風雨欲來！至於所謂取得滿蒙的物資以為從事世界大戰的準備；所謂建立日、俄間的緩衝國以遏止赤化的狂燄，這還是一些次要的理由，不足多論。

≈ 三年來日本製造偽國的經過 ≈

日本之必得佔我東北的原因既明，現在再進一步一檢此三年間所經過的事實。

日本之決心發難，事前是有準備的，可是中國方面之絕不抵抗，卻出日本意料之外。自九一八夜一時許開始攻擊北大營，次日早六時許即將瀋陽佔領，就在十九日這一天，遼、吉兩省重要城池被陷者已十餘處。張學良不得已，乃於九月

二十七日別組行署於錦州，以張作相代理邊防軍司令長官，米春霖代理省政府主席。日機乃於十月初飛炸錦州不已。延至十二月底，錦州駐軍亦已全數撤退入關。黑龍江省以馬占山之抵抗陷落稍難，且有嫩江橋一役，與敵兵鏖戰頗力，但延至十一月十九日，齊齊哈爾亦已宣告失守，馬占山奔海倫。次年春，日偽軍攻哈爾濱，曾受丁超、李杜軍之抵抗，延至一月五日哈埠始告陷落。至是三省已為敵騎所佈滿，雖仍有馬、丁之殘餘部隊苦苦掙扎，若干義勇軍之投袂奮起，要未足以動搖敵人之根本，因此日本人建立傀儡國的工作乃得以從容進展。

日本人要在滿洲建立一個塗飾世人耳目的傀儡國，當然以清遜帝所謂亨利溥儀【圖一】者為最適當之首領人物。可是當事起倉卒的時候，這個已經物色好的角色還沒有裝扮就緒，不得已乃以在當地的若干官僚充任。

【圖一】溥儀

當事變初起，日人為維持瀋陽的秩序起見，即由日人土肥原充任瀋陽市長，同時更成立一「維持治安委員會」，以袁金鎧任主席。至十月中旬，乃以市長一職歸之趙欣伯。而所謂「財政局」、「實業局」以及「東北交通委員會」亦均於此時先後成立。至奉天省政府的成立，則在十一月的中旬，而以臧式毅充任奉天省長。

吉林省政府的成立，比奉天稍早，其時期為九月三十日，任省長者為熙洽。

時任中東鐵路特別行政區行政長官者為張景惠【圖二】，迨張氏決心加入偽國，即於次年正月一日被任為黑龍江省長。

【圖二】張景惠

時黑省因有馬占山之抵抗，情形較為複雜，初馬氏與丁超合作，迄丁氏敗退，馬氏始與日方協議，取張景惠之地位而代之，且曾一度參加偽國的建立。此事後雖經馬氏有所辨正，謂非出自本心，然其事莫詳，吾人亦惟有闕疑而已。

至熱河之陷落，本遠在民國二十二年 (1933) 的三月四日，可是當二十一年 (1932) 三月偽滿洲國成立之初，日人即強將熱河劃入偽國版圖以內，可見中國之不能保有熱河，已早在日人計算之中。

偽組織初定國體為「共和」，元首稱「執政」，惟為終身制。偽都則建於長春。二十一年 (1932) 三月九日偽組織宣告成立，即以溥儀為執政，執政下設參議府，以張景惠任議長，羅振玉、袁金鎧等任參議，而日人實係佔偽府人員之半數。設國務院，以鄭孝胥為總理，而實權則握於總務廳，任廳長者日人也。以外隸屬於偽國務院之各處處長、各局局長又無一而非日人。總計屬於國務院之人員近八百人，而日人亦居半數。

隸屬於國務院者有民政、外交、軍政、財政、實業、司法、文教等八部，任各部部長者雖為中國方面之傀儡，而各部次長以及隸屬於各部之司長、局長，乃至各專門委員會之委員長，亦無一而非日人。

此外亦有立法與監察兩院，其實權亦屬日人。

至於偽奉天、吉林、黑龍江、熱河各省公署及偽新京（長春）特別市公署，亦均為日人所操縱，更不待論。

復次，偽滿洲國之各縣行政，純以日人所任之參事官及總務科長為主幹，舉凡縣政府一切文件收發、財務出入，統歸總務科掌理；凡一縣所施行之事件，無論鉅細，必須經參事官之核定，方准施行。其束縛馳驟之程度，自更不難想像。

復次，不僅縣行政如此，即各區村之統治，日人亦不肯放棄。自前年十月起，已將舊有之區村制取消，改行新村制，即劃分每縣為八行政區，每區分為五村，村設村長一人，其權限較前增大數培，以前村長由民選，經縣長指定，自去年七月起，已漸次改任日人，或聘日人為指導官。

依據以上所述，可見自偽執政府以至各村，實無一不為日人所把持操縱。民二十三年（1934）三月一日，溥儀復僭號稱帝，但一切行政機構，則仍無若何之變更。惟日人近感於偽國省區域過大，於政治之控制、軍事之佈置，仍有多少不便，因決定變更省制，已於同年十月十日公佈，決於十二月一日實行，除舊有興安省仍分轄東西南北四分省無何種變動外，將東北四省分割為奉天、吉林、黑龍江、熱河、濱江、錦州、安東、間島、三江、黑河等十省，其新省區域之各縣及省公署所在地方列表如次：

一、奉天省公署設瀋陽，所屬為奉天市、遼陽、遼中、本溪、撫順、瀋陽、鐵嶺、開原、新民、法庫、康平、海城、營口、蓋平、復、興京、清原、西豐、昌圖、梨樹、雙山、遼源、海龍、輝南、金川、柳河、東豐、西安、濛江，共一市二十八縣。

二、吉林省公署設吉林，所屬為吉林市、長春、雙陽、伊通、德惠、農安、長嶺、乾安、扶余、永吉、舒蘭、額穆、敦化、樺甸、磐石、榆樹、懷德，共一市十六縣。

三、黑龍江省公署設齊齊哈爾，所屬為齊齊哈爾市、龍江、泰來、泰康、景星、甘南、富祐、林甸、依安、訥河、克山、明水、克東、拜泉、德都、嫩江、龍鎮、通北、大賚、突泉、安廣、鎮東、開通、瞻榆、洮南、洮安，共一市二十五縣。

四、熱河省公署設承德，所屬為承德、灤平、豐寧、隆化、平泉、凌源、凌南、青龍、寧城、赤峯、圍陽、建平共十二縣。

五、濱江省公署設哈爾濱，所屬為阿城、賓、雙城、五常、珠河、葦河、延壽、東寧、寧安、穆陵、密山、虎林、呼蘭、巴彥、木蘭、肇東、肇州、蘭西、綏化、東興、安達、青岡、望奎、慶城、鐵驪、綏楞、海倫共二十七縣。

六、錦州省公署設錦縣，所屬為錦、錦西、興城、綏中、義、北鎮、磐山、台安、黑山、彰武、朝陽、阜新共十二縣。

七、安東省公署設安東，所屬為安東、鳳城、岫巖、莊河、寬甸、桓仁、通化、輯安、臨江、長白、撫松共十一縣。

八、間島省公署設延吉，所屬為延吉、汪清、和龍、琿春、安圖共五縣。

九、三江省公署設佳木斯，所屬為寶清、依蘭、勃利、方正、饒河、撫遠、同江、富錦、樺川、通河、鳳山、湯原、蘿莊、綏濱共十四縣。

十、黑河省公署設黑河，所屬為漠河、鷗浦、呼瑪、璦琿、奇克、遜河、佛山、烏雲共八縣。

凡此分割之用意，不惟便於政治上之指揮，在軍事上尤有重大之意義。此事國人注意者尚少，惟去年十月十九日之天津《大公報》曾為文論之，茲錄其一節如下：

（一）濱江乃對俄之後方重鎮，其地經俄人多年之經營，夙有東北巴黎之稱，從前向為中、日、俄三國勢力角逐之場，現則已成日本之獨舞台。今設省會於此，而以吉、江兩省土地膏沃、農產豐富之地，悉行劃歸管轄，以便經濟之開發，如牡丹、綏芬、穆稜諸

河上游各屬以及烏蘇里江左岸之密山、虎林等鄰接俄邊諸縣，悉行劃入，以便集中人力財力，用和平之開發，作戰爭的準備，以期增進其國防效率焉。

（二）安東據鴨綠江口，與朝鮮新義州隔水相對，海陸兩方均佔形勝，今設省會於此，以全力謀舊東邊道之開發，進可以掩護奉、吉，退可以屏蔽朝鮮；且其地中韓雜居，不啻朝鮮外府，爾後併力經營，重獎亡韓移民，更不難造成名實相符之朝鮮延長線，不特軍事有重大價值，經濟上尤堪重視。

（三）間島乃清季中韓界務糾紛之中心地點，其名稱出自日、韓，中國則向以延吉呼之，其地之局子街乃華人之經濟範圍，而龍井村實朝鮮人之商業都市也。自清季中、韓界約成立，墾民雜居，屢生糾葛，民四（1915）中日條約訂立後，紛議更多，加以一部地方鄰近俄國，中、日、韓、俄交錯往來，地位益形重要，而韓民久已喧賓奪主，情形備極複雜。今置省會於此轄地，雖不過五縣，然民族問題，醞釀於內，思想運動，浸潤於外，日本縱善治理，恐前途將愈見多事也。

（四）三江省會在吉林屬之佳木斯，為松花江下

游糧產之唯一集散地，鶴立煤礦，在其對岸，據傳有五百萬噸之埋藏量，人口稀少，為日本武裝移民之大本營，建有廣大之飛機場，早作嚴重的軍事設備，所管十四縣或在黑龍江右岸，或在烏蘇里江左岸，要之多數密邇俄邊，可見其軍事價值。

（五）黑河省會在舊黑龍江璦琿縣，與俄國之海蘭泡對岸相望，所屬各縣，外控黑龍江，內倚興安嶺，黑河去齊齊哈爾八百四十里，全境實為舊黑龍江省東北兩邊之屏障，清代為軍事重鎮者三百餘年，自入民國，始行棄置，今復加軍備，將來之地位重要，從可知也。

綜合上述種種事實，則三年來日人製造偽國與如何操縱偽國的經過，已可見其大概。但日人猶以為未足，更於偽國設立一特派全權大使府，任大使者為陸軍大將，舉凡前此日人在南滿之固有機關如關東軍司令部、關東廳、南滿洲鐵道株式會社，無不為此大使所兼任所指揮，其地位之高、權限之大，實無異一偽國之太上政府。至日人在偽國所駐之軍隊，其數約為十五萬，外加約十萬之偽軍，及最近新增設之獨立守備隊，其制控全偽國之兵力，殆不下三十萬人。

≋ 三年來中國方面對東北事變的應付 ≋

敘述到這一方面，則實在令人悲觀已極：當事變之起，大概「不抵抗」三字，足以盡之。至於外交上之運用，則不外倚賴一「國際聯合會」。當九一八後的第三天，九月二十一日，中國即以此事申訴於國聯。國聯行政院在九月三十日，即有過一度決議，希望日本將軍隊撤退到鐵道區域以內。此後因形勢更趨緊張，又開過會議多次，而決議派遣一由五人組織之委員會來遠東調查，則在十二月十日。次年一月十四日，國聯行政院將五委員之名單核准：一、馬柯迪伯爵（意國）；二、亨利克勞德中將（法國）；三、李頓爵士（英國）；四、佛蘭德洛斯麥考益（美國）；五、恩利克希尼博士（德國），而中、日兩國亦依決議各派一人襄助，中國所派者為顧維鈞，日本所派者為吉田。

此調查團二月二十九日抵東京，三月十四日到上海，留駐於滿洲者約六星期之久，其間往來中、日訪問兩方之當局，接觸兩方之民眾，整理所得各種文件，延至是年九月四日，一文字優美、篇幅冗長而大抵不切實用之調查報告書，始於北京簽字，而日本之正式偽組織，亦正為是月之十五日！

此項報告書，頗為國聯所重視，一九三二年（民國二十一

年)十一月二十八日，國聯行政院即以此報告書及中、日問題全案移交十九國委員會。該委員會於一九三三年二月十二日即依據此報告書草成一正式之報告及建議，其要點如下：

（一）須遵守《國聯盟約》第十條全文，《非戰公約》與《九國公約》中關於中國領土完整之原則，及一九三二年三月十一日國聯大會之決議。（按即通過成立十九國委員會之決議）至《李頓報告書》第九章十項原則為和平解決中、日爭議之必要條件，應勸國聯大會予以接受。

（二）組織談判委員會，指導中、日談判，辦理日軍撤入南滿鐵路區域及組織不喪中國權利，能保障公共秩序與日人利益之政府於滿洲。此項委員會之委員，由國聯大會選任之；但蘇聯《九國公約》簽字國及十九國委員會之委員應酌量請其加入。

（三）國聯會員國不承認「滿洲國」，亦不得有任何行動，致礙及談判委員會之工作。非國聯會員，應請其採取同樣態度。

此報告及建議於二月二十四日由國聯大會四十二國代表一致

通過，（僅暹羅棄權）於是日本老羞成怒，於是年三月二十七日，通告退出國聯，而國聯之紙上工作，亦即以此告一段落。

以上即中國政府方面倚仗國聯所得之惟一結果，至中國國民方面，則自九一八事變發生以來，當然舉國憤慨，如學生之請願運動、全國之排貨運動、義勇軍之接濟運動，莫不風起雲湧，盛極一時；至具體表現中國民氣之一幕，則莫如民國二十一年（1932）上海的一二八之役。攻擊上海，原非日本方面之本意，戰事延長至三十四日之久，亦非日本始料所及。然有此一幕世界觀感為之一變，國民之自信力因之增加，雖結果物質上之損失達十五萬萬元以上，精神上固自有其代價也。

延至今日，中國與國聯除對偽國繼續「不承認」外，而今全國國民所惴惴不安者，則為華北問題。原來日人自佔領遼、吉、黑三省，並將蘇炳文、馬占山、李杜諸部壓迫退入俄境後，即認東三省內部已無問題，於是更進一步佔我榆關，奪我長城各口，攫我熱河以入偽國版圖，進佔至灤河東西兩岸，至二十二年（1933）四月，更以三路進逼平、津東路由北寧線之灤州、唐山；中路由豐潤、遵化；北路由石閘、密雲；對平、津作一大包圍形勢，而敵機已翱翔北平的天空，日軍若干已開入北平城內，局勢緊張至此，於是始有行政院駐平政務整

理委員會委員長黃郛之北上，延至五月底，始有《塘沽協定》之成立！《塘沽協定》據公佈者計只五項，其性質亦止限於軍事，可是自協定成立以後，問題乃如麻而起：如接收戰區、制止灤東一帶之混亂，編遣李際春、石友三各部偽軍，長城各口之收復，與偽國通車，通郵及長城各口設關等等，殆不勝枚舉。目前此諸項問題，有似了而實際未了者；有名義上未許，而實際已實行者，在北方當局者雖備受各方之責難，而日人仍老不滿意，蓋充日人野心之所至，非進一步更有事於華北不止，此實國家危急存亡之秋。吾書至此，誠不勝扼腕太息而有來日大難之感也。

參考書

一、《申報年鑑》民國二十二年、民國二十三年（申報館）

二、《國聯調查團報告書》（中文本）

三、《天津大公報九一八三週紀念特刊》

附錄

≈ 近六十三年中日關係大事表 ≈

同治十年 (明治四年，1871)

日本與我國締結修好條規十八條、通商章程三十三款。

同治十一年 (明治五年，1872)

日本以外務卿副島種臣為全權大臣來聘，藉改約、換約及觀賀同治帝親政為名，實以台灣、朝鮮等問題來窺我虛實。十二年返國。

同治十三年 (明治七年，1874)

因台灣生番戕殺琉球難民事件，日本出兵侵我台灣，七月以其內務卿大久保利通為全權大臣來議和，成約三款，我償日本銀五十萬兩，且承認日本此次出兵為「保民義舉」。

光緒二年 (明治九年，1876)

日本與朝鮮締結修好條規十二款，認朝鮮為自主之國。

光緒五年 (明治十二年，1879)

日本滅我琉球，改為沖繩縣。

光緒八年 (明治十五年，1882)

朝鮮大院君作亂，與閔族爭權，並排斥日本在韓勢力。我國遣兵往捕大院君，並殺亂黨百餘人，事始平。

光緒十年 (明治十七年，1884)

朝鮮有金玉均等革黨之亂，意在傾我在韓勢力，日本實為主謀，且以兵力為助，我國以兵討平之。

光緒十一年 (明治十八年，1885)

伊藤博文來天津，與李鴻章商十年朝鮮事變之善後，結果訂專條三款，約定兩國各不駐兵朝鮮，亦各不教練朝鮮兵，遇必需派兵前往時，兩國互相知照，是為《天津條約》。是年八月，清廷命袁世凱送大院君歸國。

光緒十三年 (明治二十年，1887)

朝鮮派人分赴美、英、俄、德、法、意諸國聯邦交，清廷干涉之。

光緒十五年 (明治二十二年，1889)

因朝鮮禁止米穀出口，日商受損，因發生黃豆賠償事件，日政府疑袁世凱操縱其間，與我頗有違言。

光緒二十年（明治二十七年，1894）

二月，朝鮮人洪鍾宇刺殺金玉均於上海，我送鍾宇及玉均屍交朝鮮，朝鮮賞鍾宇官而戮玉均屍，日人大譁，與我感情日惡。

是年三月，朝鮮東學黨亂起，我出兵代朝鮮平亂，日本亦藉口出兵，要求與我改革朝鮮內政。我國拒之，日本遂尋釁與我開戰。

光緒二十一年（明治二十八年，1895）

我海陸軍敗績，李鴻章赴日議和，與日本訂《馬關條約》，認朝鮮為完全無缺之獨立自主國，賠款二萬萬兩，割奉天南部、台灣及彭湖列島。同年因俄、法、德三國干涉。我以三千萬兩之代價，向日人贖還遼東。

光緒二十二年（明治二十九年，1896），李鴻章使俄，成立《中俄密約》，規定中、俄攻守同盟，其主要目的在對付日本。

光緒二十四年（明治三十一年，1898）

俄強租我大連、旅順，日本更感俄患日逼。

光緒二十五年（明治三十二年，1899）

英、俄成立協約，規定長城以北為俄國建築鐵道範圍，日本益不能堪。

光緒二十六年（明治三十三年，1900）

中國北方發生拳匪之亂，排外甚力，日本參加八國聯軍，奮勇先登，破我天津、北京。

光緒二十八年（明治三十五年，1902）

日本與英國締結同盟條約，以擁護日本在朝鮮及日、英兩國在中國之利益，共同防禦俄國之侵略。

光緒三十年（明治三十七年，1904）

因俄國乘中國拳亂，佔領東三省，事後又不肯撤兵。是年，日、俄在我東三省開戰。

光緒三十一年（明治三十八年，1905）

日本以戰勝俄國之結果，與俄訂立《樸資茅斯條約》，又遣全權小村壽太郎與我國全權奕劻、瞿鴻禨、袁世凱締結東三省條約三款，附約十二款，凡俄國在南滿所享權利，一切轉移於日本。是年，日本在朝鮮置統監府，以伊藤博文為統監。

光緒三十二年（明治三十九年，1906）

日本在大連設關東都督府、旅順設鎮守府。

光緒三十三年（明治四十年，1907）

南滿洲鐵道株式會社正式成立，資本日金二萬萬元。

宣統元年（明治四十二年，1909）

伊藤博文在哈爾濱為韓志士安重根所暗殺。

宣統二年（明治四十三年，1910）
日本滅朝鮮。

民國三年（大正三年，1914）
日本對德宣戰，侵犯我國中立，佔我膠州。

民國四年（大正四年，1915）
日本對我提出《二十一條》要求，以最後通牒迫我承認。

民國五年（大正五年，1916）
日、俄立新協約，互相擁護在中國之特殊利益，同時締結一防禦攻守同盟之密約。

民國六年（大正六年，1917）
日本遣石井菊次郎特使赴美，與美國國務卿藍辛氏共同宣言：美國承認日本在中國有特殊之利益。同年又與英、法、俄、意四國密約、贊助日本在大戰和會對山東問題之要求。是年中國對德宣戰。

民國六年至七年（大正六年至七年，1917-1918）
日本乘中國參戰及內亂的原因，先後成立四萬萬六千萬元的鉅款。因軍械借款、參戰借款而有《中日軍事協定》的產生。因濟順、高徐兩路墊款而幾乎將山東完全斷送。

民國八年（大正八年，1919）

日本對山東問題在巴黎和會扼我甚力，至逼我不能簽字於和約。是年我國學生發起空前的愛國運動——五四運動——頗與日本以打擊。美國上議院通過山東保留案。

民國九年（大正九年，1920）

中國發生直、皖之戰，直勝皖敗，北京日使署收容中國安福派首領九人，旋一一縱之。是年美、英、法、日四國新銀行團成立，各國依日本要求，將滿、蒙已築及擬築各路，劃出銀團投資範圍以外。

民國十年（大正十年，1921）

美國召集華盛頓會議，山東問題以英、美周旋，由中、日兩國在會外解決。對於《二十一條》問題日本代表在遠東委員會，有一種比較讓步的聲明。

民國十一年（大正十一年，1922）

中國收回山東。

民國十二年（大正十二年，1923）

旅、大租借期滿，日本拒絕交還。

民國十三年（大正十三年，1924）

日本決定退還庚子賠款，在中國舉辦所謂「對支文化事業」，設專局隸屬日本外務省，以實行文化侵略。

民國十四年（大正十四年，1925）

日本以兵力助張作霖擊敗郭松齡。

民國十六年（昭和二年，1927）

日本政友會田中內閣成立，第一次出兵山東。

民國十七年（昭和三年，1928）

日本第二次出兵山東，造成空前的濟南慘案。同年六月炸張作霖於皇
姑屯。

民國十八年（昭和四年，1929）

日本議會對炸張案提出種種質問，炸張為田中內閣主動之真象，因以
大白。是年日兵退出山東。

民國二十年（昭和六年，1931）

日本藉口中村事件以武力佔我東北三省。

民國二十一年（昭和七年，1932）

日本製造偽國成立，國聯調查團東來。

民國二十二年（昭和八年，1933）

日侵華北，進佔熱河，成立《塘沽協定》

民國二十三年（昭和九年，1934）

溥儀僭號稱帝。